哈佛学生最喜欢的

脑筋急转弯

《学生悦读文库》编写组　编著

江西教育出版社
JIANGXI EDUCATION PUBLISHING HOUSE

图书在版编目（ＣＩＰ）数据

哈佛学生最喜欢的脑筋急转弯 / 《学生悦读文库》编写组编著. -- 南昌：
江西教育出版社，2013.11
（学生悦读文库）
ISBN 978-7-5392-7194-1

Ⅰ.①哈… Ⅱ.①学… Ⅲ.①智力游戏－青年读物②智力游戏－少年读物
Ⅳ.①G898.2

中国版本图书馆CIP数据核字(2013)第260696号

哈佛学生最喜欢的脑筋急转弯

HAFO XUESHENG ZUI XIHUAN DE NAOJIN JIZHUANWAN

《学生悦读文库》编写组　编　著

江西教育出版社出版

（南昌市抚河北路291号　邮编：330008）

各地新华书店经销

北京彩虹伟业印刷有限公司印刷

710mm×1000mm　　16开本　　12.5印张　　字数150千字

2014年1月第1版　　2019年8月第3次印刷

ISBN 978-7-5392-7194-1

定价：36.00元

赣教版图书如有印制质量问题，请向我社调换　电话：0791-86705984

投稿邮箱：JXJYCBS@163.com　　　　电话：0791-86705643

网址：http://www.jxeph.com

赣版权登字-02-2013-331

目录

CONTANTS

闭着眼睛能够看见的是——梦

有一个车手每次比赛都不能拿冠军，但这次比赛他拿了冠军，记者问他为什么，你猜他会怎么回答？

» 智慧点拨：他说是刹车坏了。

肥太太体重惊人，她丈夫要她减肥，可是有一天，她去称体重，指针指向了零，为什么她丈夫还是要她减肥？

» 智慧点拨：指针都转了一圈后再指向零，当然要减了。

五岁的妮卡边吃鱼边说：这鱼真好吃，要是不放一种东西就更好吃了，这是种什么东西？

» 智慧点拨：鱼刺。

汤姆开车去动物园玩，动物园很近，他的路也并没有走错，但为什么却总到不了目的地？

» 智慧点拨：因为他已经开过了。

什么东西闭着眼睛也看得见？

» 智慧点拨：梦。

今天上午只上半天课，学生高兴吧？

» 智慧点拨：不高兴。下午还有半天课呢！

天黑一次亮一次就是一天，可有一次天黑了两次仍然只过了一天，你能猜到是什么原因吗？

» 智慧点拨：碰上日全食了呀！

哈利是一位出色的小说家，为什么有一次他连续写了一个月，连一篇小说的题目都没写出来？

» 智慧点拨：他这个月写的是散文！

什么样的河人们永远也无法渡过去？

» 智慧点拨：银河。

喝牛奶时用哪只手搅拌会比较卫生呢？

» 智慧点拨：用哪只手都不卫生，还是用勺子比较好。

猴子每分钟能掰一个玉米，在果园里，一只猴子5分钟能掰几个玉米？

» 智慧点拨：没掰到一个，果园里没有玉米。

为什么食人族在烹煮女明星时要放入一大堆牛粪来调味？

» 智慧点拨：因为香水味太浓他们吃不消呀！

豪斯带着妹妹出去玩，不知道妹妹的一只鞋丢到哪里了，这时豪斯应该怎么做呢？

» 智慧点拨：把妹妹的另一只鞋也丢了就行了。

你在精神病院实习，忽然一个神经病患者手持一把菜刀向你追来，你转头就跑，直到跑到一条死胡同，心想：这下完了！突然，病人说话了，你悬着的心立刻放了下来。病人说了什么呢？

» 智慧点拨：病人说："给你刀，该你追我了。"

你敢在还没干的水泥地上骑车吗？

» 智慧点拨：敢，沾点儿水怕什么。

婆婆烫头发是什么？

» 智慧点拨：银丝卷。

小小一根棍，把它拿出来，放到嘴里面，越啄越红，越啄越短。你能猜出来是什么吗？

» 智慧点拨：烟。

什么书绝对不会单卖？

» 智慧点拨：产品说明书呀！

你知道南极的北极熊长什么样吗？

» 智慧点拨：南极没有北极熊。

一只狗走过一堆牛粪时，为什么像人一样立着走路？

» 智慧点拨：因为很臭，小狗的前脚用来捂鼻子了。

你知道什么形状的嘴最容易惹是非吗？

» 智慧点拨：长嘴。

书呆子去买鞋，他先用一根绳子量自己的脚，然后照着绳子的长度来买鞋子，但为什么他却空着手从集市回来了？

» 智慧点拨：他忘了带那根绳子了！

调查发现在同一时间不同的地区，竟然有许多人说着相同英语这一奇怪现象，你知道这究竟是怎么一回事吗？

» 智慧点拨：他们都在同时收听英语广播讲座节目中的发音练习。

把大象放到冰箱里需要几个步骤？

» 智慧点拨：三个步骤，第一步把冰箱门打开，第二步把大象装进冰箱里，第三步把冰箱门关上。

有一只鹦鹉，穿着一件防弹衣，在树上跳舞。树下有个猎人拿着一支双管猎枪，为什么一枪就把它打死了？

» 智慧点拨：鹦鹉跳的是脱衣舞。

女人是本书，那么男人首先想翻的是哪一页？

» 智慧点拨：版权页。

有一架飞机失事，现场支离破碎，令人惊讶的是找不到任何伤者，这是为什么呢？

» 智慧点拨：那是一架遥控飞机。

绳子在中间被一刀剪断后，为什么它仍是一根完整的绳子？

» 智慧点拨：因为绳子原来是圆形的。

逃课的同学不小心碰到老师，有什么办法脱险？

» 智慧点拨：假装晕倒。

有一天，一个植物专家，一个原子弹专家，一个动物专家在一个热气球上。这时，热气球直线下降，必须扔掉一个科学家，你猜会扔哪一个？

» 智慧点拨：当然扔最重的那一个啦。

爸爸买了三袋米，妈妈买了两袋米，回家后他们把米装在一只大袋里，现在他们有几袋米？

» 智慧点拨：一袋米。

上课的时候，同学们都坐着上课，但为什么博迪上每一节课都站着呢？

» 智慧点拨：博迪是老师呗。

阿呆生病了，妈妈帮他请了病假，为什么第二天老师看见他会非常生气？

» 智慧点拨：因为他妈妈说他请病假（病是假的）。

冬天，汤姆怕冷，到了屋里也不肯脱帽。可是他见了一个人乖乖地脱下帽，那人是谁？

» 智慧点拨：理发师。

你在学校学到的东西越多，什么就会少？

» 智慧点拨：不知道的东西。

开往波士顿的轮船边上挂了一架软梯，软梯顶部离海面15米，海水每小时上涨15厘米，几小时后海水会淹没软梯？

» 智慧点拨：水涨船高，软梯永远不会被淹没。

你知道什么东西从小精心培养，长大后却用绳索捆绑，临老的时候千刀万剁，最后还要把它火葬？

» 智慧点拨：烟草。

克林顿明天考试，他已经把英语背得滚瓜烂熟，第二天考试还是不及格，为什么？

» 智慧点拨：第二天考的不是英语。

公共汽车来了，第一位穿长裙的小姐投了4元，司机让她上车；第二位穿迷你裙的小姐，投了2元，司机也让她上车；第三位小姐没给钱，司机也照样让她上车，为什么？

» 智慧点拨：她用的是月票。

考试时除了带准考证之外，你认为还需要带什么？

» 智慧点拨：考试用笔。

一个愁眉苦脸的人对医生说："医生，我昨天不小心喝了一瓶汽油，该怎么办呢？"医生对他说了一句话，他就晕倒了，你猜医生说的是什么？

» 智慧点拨：医生说："那你这几天千万别抽烟！"

一条沿着山壁凿成的山路，因塌方而形成一个宽深的大洞，但为什么路边却没有警告标志？

» 智慧点拨：因为大洞在山壁上，没有危险。

一座限高10米的桥，有一艘船上的货物已超过10米，你觉得这事应该怎么办呢？

» 智慧点拨：拿几块大石头放到船上，船就会下沉一些。

为什么辛迪认为人类白天比晚上多？

» 智慧点拨：有一部分黑人在晚上就看不见了。

一只小黑狗和一只小白狗赛跑，小黑狗比小白狗跑得快，请问当到达终点时哪只小狗身上出汗多？

» 智慧点拨：狗是不会出汗的！

谁一生受的压迫最重？

» 智慧点拨：双峰骆驼，因为它总是背着两座山！

一年前的今天，我们都在做着同一件事，你知道是什么事吗？

» 智慧点拨：呼吸！

什么东西比昆虫的嘴还小？

» 智慧点拨：当然是昆虫吃的东西呀！

一个酒鬼看到一本书上写着喝酒对身体有害，于是他做出了一个决定，你知道他做的什么决定吗？

» 智慧点拨：以后不再看书了！

一歹徒抢劫MTV店，朝店主开了一枪，店主情急之下抽出一卷影带挡，居然平安无事，这到底是怎么回事呢？

» 智慧点拨：歹徒拿的是水枪。

什么地方任何人都必须去？

» 智慧点拨：厕所。

一只毛毛虫（8只脚）走上一堆牛粪，为什么下地以后却发现只有6只脚印？

» 智慧点拨：牛粪很臭，毛毛虫用两只脚捏住鼻子了。

大象为什么会有那么长的鼻子？

» 智慧点拨：因为它爱说谎呀！

闪电为什么总是比雷快？

» 智慧点拨：雷公很绅士，说女士优先！

一家洗衣店招牌写着"24小时交货"，今天小高拿去洗，为什么老板说要三天后才能拿到？

» 智慧点拨： 因为这个店的工作时间是8小时，三天刚好24个小时呀！

邦尼不小心被瓶子砸伤了脚，可为什么他一声也没有哭？

» 智慧点拨：因为爸爸妈妈都不在家呀！

02

每次考试都拿第一，还要挨父母骂的孩子是——倒数第一名

🐷 一位游泳运动员横渡了英吉利海峡。当他登陆时，大家都为他喝彩。但一个犹太人却批评他，你觉得她会说什么？

» 智慧点拨：你还不知道这里有航船吗？

🐷 辛迪不小心打碎了一个花瓶，在什么情况下他会故意再打碎一个？

» 智慧点拨：妈妈问"这是怎么回事"的时候。

🐷 什么时候人眼睛的视力是最好的？

» 智慧点拨：在考场的时候。

🐷 警察大叔是什么人？

» 智慧点拨：男人啊！

🐷 一个人，一条船，一只狗，一只兔子，一棵白菜，这个人要把这三样东西运到河那边，但一次只能运送两样，应该先

送哪两个？

» 智慧点拨：应该先送狗和白菜。

有一根棍子，要它变短，但不能锯断、折断或削短，应该怎么办？

» 智慧点拨：找一个长的与它比，就短了。

星星有多重？

» 智慧点拨：8克。星巴（8）克。

你每天做作业时应该先干什么呢？

» 智慧点拨：打开本子。

有一个小圆孔的直径只有1厘米，而一种体积达100立方米的物体却能顺利通过这个小孔，你能猜出它是什么物体吗？

» 智慧点拨：当然是水呀！

牛顿坐在苹果树下是因为万有引力，你知道辛迪为什么站在苹果树下吗？

» 智慧点拨：想吃苹果。

一座桥能够承受的最大重量是200千克，一只2.5千克的小乌龟过桥，但为什么桥却塌了呢？

» 智慧点拨：小乌龟也在思考这个问题。

怎么称呼一只不会叫的狗？

» 智慧点拨：还是狗啊！

🐷 猪的舌头和尾巴碰到了一起，在什么时候有这种可能呢？

» 智慧点拨：一头猪的舌头碰到另一头猪的尾巴。

🐷 在NBA一场球赛上不可能发生什么事情？

» 智慧点拨：两个队都赢了。

🐷 什么样的人见到阳光就会躲得无影无踪呢？

» 智慧点拨：雪人。

🐷 让自己变年轻最简单的方法是什么？

» 智慧点拨：笑，因为笑一笑十年少。

🐷 青蛙为什么冬眠的时候会睡那么久？

» 智慧点拨：因为大家都不知道它藏在哪里了。

🐷 什么东西洗好了也不能吃？

» 智慧点拨：扑克。

🐷 晚上在温暖的被窝里睡觉，你最不想做的事情是什么？

» 智慧点拨：尿床。

🐷 有一座大厦发生火灾，凯文逃到顶楼后，想跳到距离只有1米的隔壁楼顶，为什么却摔死了？

» 智慧点拨：因为高度相差太远了。

🐷 小白和小黑非常想看一部刚上映的电影，但是他们就一张门票，小白说等关灯了我们就能一起进去，你知道这是为什么吗？

» 智慧点拨：小黑是个黑人，灯关了，管理员就看不到了。

你知道司机停车之后第一件事应该做什么吗？

» 智慧点拨：把门打开。

你知道什么牌子的化妆品最容易感冒吗？

» 智慧点拨：雅倩 （ARCHE，阿嚏）

妈妈给辛迪和瑞拉做了一碗面条，辛迪在瑞拉不注意的情况下先吃了，然后告诉瑞拉还剩很多，为什么瑞拉没有吃，还非常生气？

» 智慧点拨：辛迪把面条都吃完了，现在只剩下一整碗汤了。

尼克考了500多分，雅克考了600多分，为什么老师认为他们的成绩不相上下？

» 智慧点拨：因为尼克考了6门，雅克考了7门。

如果你在尼斯湖划船时，水怪突然在附近冒了出来，而你却忘了带相机，这时该怎么办？

» 智慧点拨：别担心，其他的游客会拍下你最后的镜头的。

明明是一个晴朗出太阳的好日子，为什么却有人说"等一下就要刮台风了"？

» 智慧点拨：因为现在正在台风眼里。

什么人可以被贴在墙上？

» 智慧点拨：照片里的人。

月球上去过外星人吗？

» 智慧点拨：去过，地球人就去过呀。

熊猫觉得自己最自卑的地方是什么？

» 智慧点拨：永远都有黑眼圈。

布朗去商场里买东西，尽管柜台都是空的，但布朗还是买到了他需要的东西，你知道他买的是什么吗？

» 智慧点拨：他想买的就是柜台。

我们都知道，月球的引力只有地球的1/6，假如有一只老鹰在地球上每小时能飞35千米，那你觉得它到月球上一小时能飞多远？

» 智慧点拨：飞不远，老鹰会因大脑缺氧而死的。

从飞机里跳出来，最怕遭遇什么情况？

» 智慧点拨：忘带降落伞。

有一个人，他的家在西边，而他为什么却朝东走？

» 智慧点拨：他的公司在东边，他去上班。

下雪天，文斯开了暖气，关上门窗，为什么还感到很冷？

» 智慧点拨：因为他在门外呢！

泰山拉着树藤在丛林间穿梭时，为什么要扯着喉咙大叫？

» 智慧点拨：他怕猴子会迎面扑过来。

有一间屋子的北边有肥料厂，南边有酒厂，这间屋子有一个优点，是什么呢？

» 智慧点拨：只要一开窗子就能知道什么风了！

丈夫对妻子说："面对死亡的时候我会保护你。"妻子问："为什么上次我们游动物园的时候，老虎逃出来的时候，你看见先跑了？"丈夫如何回答呢？

» 智慧点拨：因为老虎不是"死亡"。

红蜡烛和绿蜡烛哪个烧得长？

» 智慧点拨：都会越烧越短。

卓别林去理发，第一次理发师瞧不起他，给他洗完头就不理他了，他走时留下十元钱。于是当他第二次去理发的时候，理发师却非常热情，他走的时候，只留下来一元钱，你知道这是为什么吗？

» 智慧点拨：这次给的是上次洗头发的钱，上次给的是这次剪头发的钱。

当家里除了一块面包外，没有其他吃的东西了，你会怎么办？

» 智慧点拨：当然是把面包吃掉呀！

为什么人可以一只手写字，也可以两只手写字？

» 智慧点拨：因为人有两只手，不可能有三只手。

哈灵顿想凿壁借光，为什么却被人狠扁了一顿？

» 智慧点拨：因为隔壁是一间浴室。

如果要把一块蛋糕分成大小形状和重量都相等的两块，并且还不能用直线，你能做到吗？

» 智慧点拨：能，像太极图那样分就可以了。

🐷 什么东西每个人都有，却很少有人借给别人？
» 智慧点拨：脑袋。

🐷 熊猫除了想拍彩色照片外，它还想干什么？
» 智慧点拨：睡个好觉。

🐷 为什么把手机调成飞行模式，扔下楼还是摔坏了？
» 智慧点拨：因为手机落地的时候，你没有把它调成降落模式。

🐷 如果蒸包子的时候没馅了，这时你会怎么做呢？
» 智慧点拨：蒸馒头。

🐷 什么话一个人不能说，一群人也不能说，两个人说刚刚好？
» 智慧点拨：悄悄话啊！

🐷 什么东西每天都不能少吃？
» 智慧点拨：空气。

🐷 你知道世界上最不值钱的珠子是什么吗？
» 智慧点拨：露珠。

🐷 你知道在什么情况下，人睡着了醒来时却不知道自己在哪儿吗？
» 智慧点拨：坐车坐过站的人。

🐷 珍妮虽然没有生病，但为什么她还是去了医院，并且还打了28针？

» 智慧点拨：因为珍妮是护士，在给别人打针。

约瑟夫说他今天在考场上经历了一场很大的悲剧，你能猜出来是什么吗？

» 智慧点拨：知道题目的答案，笔却没墨水了。

有个人为什么带上近视眼镜还是看不清东西？

» 智慧点拨：因为那个人是"老花眼"。

你知道在什么情况下，人躺在地上却不害怕脏吗？

» 智慧点拨：在沙滩上。

你知道金子最怕什么吗？

» 智慧点拨：小偷。

会唱歌的鸟叫什么？

» 智慧点拨：还叫鸟。

赌什么东西没有输赢？

» 智慧点拨：赌气。

03

鱼不说话是因为——它在潜水啊

一只狼在森林遇到一只羊，为什么它没有吃掉羊？

» 智慧点拨：这只是很小的狼崽。

你知道鱼为什么不会说话吗？

» 智慧点拨：因为它在潜水，不能说话。

一个男人的家里已经没有米了，锅灶是冷的，房间很脏乱，洗衣机里有许多没洗的衣服，你能猜出他的身份吗？

» 智慧点拨：估计是一个光棍吧。

龟兔赛跑第一次兔子赢了，第二次因为兔子睡着，所以乌龟赢了，下一次的比赛谁会赢呢？

» 智慧点拨：不知道，还没比呢。

你的狗需要执照吗？

» 智慧点拨：不需要，它不会开车。

一只小猫穿过沙漠去找朋友，为什么它死在沙漠里了？

» 智慧点拨：饿死的，沙漠里没有鱼。

为什么钢琴盖很难打开？

» 智慧点拨：因为所有的key（钥匙，键）都在琴盖里面。

当你把收信人和寄信人的地址写反时，信寄回自己的家，这时你该怎么做呢？

» 智慧点拨：写上查无此人再把信退回去。

看书最讨厌的是遇到什么情况？

» 智慧点拨：中间被人撕去几页。

你知道为什么蒙娜丽莎在微笑吗？

» 智慧点拨：因为她的嘴角在往上扬呀！

你知道为什么人们把一个长方形的东西叫"圆"吗？

» 智慧点拨：那是一张纸币。

什么树永远不会枯死？

» 智慧点拨：画上的树。

鲁尼尔每天写信给他的女朋友，共寄了7封，但为什么他的女朋友珍妮，每天却只收到1封信？

» 智慧点拨：因为他有7个女朋友。

你知道考场最迷糊的学生是什么样的吗？

» 智慧点拨：考完试问别的同学什么时候考试，同学回答刚考过。

全世界最笨的鸡来自哪里呢？

» 智慧点拨：当然是鸡蛋呀。

有个馒头吃了一块肉，又吃了一块糖，结果会怎么样呢？

» 智慧点拨：变成糖包了。

什么人工作的时候穿古代的衣服？

» 智慧点拨：演员。

一年级的同学是怎么打电脑的？

» 智慧点拨：各打各的电脑。

最值钱的票是什么？

» 智慧点拨：钞票。

为什么都说交警很强壮？

» 智慧点拨：因为交警用一只手就能让车停下来。

有两个棋友在一天中共下了9盘棋，在没有和局的情况下他俩赢的次数相同，这是怎么一回事？

» 智慧点拨：9盘棋是他们分别和其他人下的。

有一个人最爱添油加醋，可为什么周围的人却不讨厌他？

» 智慧点拨：他是厨师。

动物园失火了，你猜跑得最快的会是哪种动物？

» 智慧点拨：人。

你能让三个7得6吗？

» 智慧点拨：$7-7÷7=6$

河里有两个人，死的那个人叫死人，那还活着的叫什么呢？

» 智慧点拨：叫救命啦。

卡尔叔叔只有一颗牙了，但为什么今天吃饭的时候还是塞牙了？

» 智慧点拨：因为他吃的是藕，牙卡在藕缝里了。

吉姆在向恋人伊莉莎表白："想你，是件很快乐的事；见你，是件很开心的事；爱你，是我永远要做的事；把你放在心上，是我一直在做的事。"伊莉莎听得如醉如痴。吉姆还在继续表白，不过，他接下来的一句话却让伊莉莎感到了愤怒和失望。你猜，吉姆说了一句什么话？

» 智慧点拨：他说："我骗你，是刚刚发生的事。"

为什么说图书馆是最高的建筑？

» 智慧点拨：因为图书馆里有很多stories（故事，楼层）。

格里姆伸出四个弯曲的手指头，你知道是哪个单词吗？

» 智慧点拨：wonderful（弯的four）。

手表摔在地上坏了怎么办？

» 智慧点拨：修修就好了。

为什么狗熊喜欢吃玉米呢？

» 智慧点拨：因为它不会做饭。

昨天是世界环保日，可为什么全球的股市指数都往下跌呢？

» 智慧点拨：因为绿色代表股票价格下跌。

公交车司机进汽车后第一件事是什么？

» 答案：坐下。

养什么猪不用花钱而且还能增加钱？

» 智慧点拨：存钱罐猪。

天气特别好，一点风都没有，但是米拉迪去朋友家参观新房的时候却连声说："风好大，风好大！"你知道这是为什么吗？

» 智慧点拨：她说的是抽油烟机的风好大。

什么照片看不出照的是谁？

» 智慧点拨：X光照片。

为什么直升机飞到了卡丹家的客厅里？

» 智慧点拨：因为卡丹在玩玩具直升机。

阿丽娜是做保洁的，那她怎么仅用了一个多小时就从纽约扫到了波士顿？

» 智慧点拨：因为她是飞机上的保洁员。

你知道什么人最容易引火烧身吗？

» 智慧点拨：稻草人。

印度人为什么用手抓饭吃？

» 智慧点拨：因为手比脚干净。

🐷 为什么蚕宝宝很有钱？

» 智慧点拨：因为蚕宝宝会结茧（节俭）。

🐷 什么东西使人哭笑不得？

» 智慧点拨：口罩。

🐷 足球比赛中间休息的时候，爸爸问他的儿子："放在右脚旁边而左脚碰不到的是什么东西？"儿子灵机一动就答对了，你知道吗？

» 智慧点拨：是左脚。

🐷 特洛伊为什么吃两个便当？

» 智慧点拨：因为三个便当吃不下。

🐷 尼尔德竟成功地用面条上吊自杀成功，为什么？

» 智慧点拨：摔死的。

🐷 丽莎阿姨到一家店里买衣服，可为什么都付好了钱却没见她离开那家店呢？

» 智慧点拨：付了钱不一定就马上要出店啊！

🐷 喜洋洋用什么办法让灰太狼把正要点燃炸弹的蜡烛熄灭的？

» 智慧点拨：喜洋洋对灰太狼唱："Happy birthday to you！"

🐷 卡文先生有两位朋友，都做税务官，其中一位是另一位的孩子的父亲。你说会有这种可能吗？

» 智慧点拨：两位税务官员是夫妇。

你知道怎么让放在桌子上的气球飞起来吗?

» 智慧点拨：用手向上拍。

有一种书看到就会被吓到，你知道是什么书吗?

» 智慧点拨：讲鬼故事的书。

你知道人蹲下会出现什么情况吗?

» 智慧点拨：变矮了呀!

你知道在什么情况下同学可以坐在桌子上上课?

» 智慧点拨：把椅子改名为桌子。

你知道犀牛鸟和犀牛是什么关系吗?

» 智慧点拨：它们都是动物。

商店还没到打烊的时间，为什么服务员就不让顾客进去了呢?

» 智慧点拨：因为顾客进的地方是商店出口。

大家刚发现有个人跳进了河了，就有一个人紧接着也跳了进去，你知道这是怎么回事儿吗?

» 智慧点拨：因为第二个人是跳下去救人的。

你知道什么事情不做不会退步，做了反而会退步呢?

» 智慧点拨：倒着走。

为什么完好的氢气球并没有被绳子拴住可还是飞不上天空呢?

» 智慧点拨：氢气球的氢气不足。

如果圆形是1的话，那你觉得八边形应该是多少呢？

» 智慧点拨：8，因为圆形是一条线，而八边形是8条线。

有一群人步行过江，个子矮的没有淹死，而个子高的却被淹死了，你知道这是怎么回事儿吗？

» 智慧点拨：个子高的人不会游泳。

04

不能拍的掌是——仙人掌

🐷 你知道急着赶时间的人，乘车时会觉得什么车开得太快吗？

» 智慧点拨：没赶上的车。

🐷 大卫的妈妈平时最害怕蜘蛛，可在大卫房间的墙上趴着一只大蜘蛛，为什么妈妈却视而不见呢？

» 智慧点拨：因为那是儿童玩具。

🐷 为什么奥涅尔已经读了13年的书，却还是在读一年级？

» 智慧点拨：因为他现在读的是大学一年级。

🐷 一只小刺猬独自在一个小岛上，小岛的中间是棵树，小刺猬想去对面的小岛，但是又不会游泳，那它要怎么过去呢？

» 智慧点拨：它还在想。

卡马乔毕业后为什么仅正式工作三天，就能"直上云天"了呢？

» 智慧点拨：因为他的职业是飞行员。

小朋友在操场上站队，要求10个人站成5排，每排4个人，你知道该怎么站吗？

» 智慧点拨：站成五角星的形状，5个顶点和5个交叉点各站一个人。

凯文斯丁伸出自己右手的无名指说贝多芬从来不用这个手指弹钢琴，你觉得他说得对吗？

» 智慧点拨：说得对，因为那是凯文斯丁的手指。

如果你在电影院看电影时不小心把票丢了，你该怎么做呢？

» 智慧点拨：没关系，看电影时电影票已经没用了。

在不打破瓶子的情况下，怎样喝到用木塞塞住瓶口的饮料？

» 智慧点拨：很简单，拔出木塞不就行了！

目前国内哪些人对拒绝"二手烟"最积极？

» 智慧点拨：坚持抽第一手烟的老烟枪！

什么东西人们不停地吃它，却永远吃不饱？

» 智慧点拨：空气。

今天早上哈维尔丢了10元钱，下午捡到了5元钱，这一天

哈维尔丢了多少钱呢？

» 智慧点拨：10元钱呀。

进饭店吃饭，绝对不能说什么？

» 智慧点拨：我已经吃过了！

有种动物，大小像只猫，照着画像只老虎，这是什么动物？

» 答案：小老虎。

学生向老师问好，老师却不认识学生，这是怎么回事？

» 智慧点拨：老师是从事电视教学的。

你猜什么掌拍不响？

» 智慧点拨：仙人掌。

妈妈说："珍妮，把足球送给那个没有爸爸的小可怜吧。"珍妮一句话雷翻了妈妈，你猜珍妮是怎么说的？

» 智慧点拨：珍妮说："把爸爸送去，球留下。"

教室中的讲台是用来做什么的？

» 智慧点拨：当然是提高老师地位的呀！

杰米为什么不肯承认他写的诗是从书上偷来的？

» 智慧点拨：因为诗还在书上。

一位服装模特儿小姐，即使在平日也穿着未经发表的新款服饰，但她常常看到穿着和她完全相同服饰的人。这是为什么？

» 智慧点拨：她是在照镜子的时候看到的。

作家大仲马生平最好的杰作是什么？

» 智慧点拨：他的儿子小仲马呀！

什么东西打碎后自然会完好无损？

» 智慧点拨：水面。

小哈利为什么会丢钱？

» 智慧点拨：因为他带钱了呗！

动物园里的老虎打架了，饲养员劝架时会怎么说呢？

» 智慧点拨：不说，因为老虎听不进去。

吉姆给露西寄信，没有用信封装好就扔进了邮筒，可为什么露西还是收到了信？

» 智慧点拨：吉姆寄的是明信片。

老兵甲偷用了新兵乙的牙刷，新兵乙有肝炎，为什么老兵甲没有被传染？

» 智慧点拨：因为他拿牙刷刷皮鞋去了！

冰到底是什么东西？

» 智慧点拨：不就是一块一块的水嘛。

什么东西有的长有的短，有的快有的慢？

» 智慧点拨：时间。

一个人要到6楼去，走到第3层，是不是走完了楼梯的一半？

» 智慧点拨：不是，因为一楼并没有楼梯。

什么马最容易在骡群和驴群中被分辨出来？

» 智慧点拨：斑马呀！

你知道什么东西四肢全无，只有一个杀伤力很强的头吗？

» 智慧点拨：砖头。

和电视新闻比起来，人们更喜欢阅读报纸新闻，你知道最大的原因是什么吗？

» 智慧点拨：报纸看完了可以保存。

丹尼斯是个很正常的人，但他为什么能一连10个小时都不眨眼睛？

» 智慧点拨：他在睡觉啊，当然不用眨眼了。

什么东西掉在地上看不见捡不到？

» 智慧点拨：屁。

两架飞机在空中飞行时，要怎样才能保持在一条直线上呢？

» 智慧点拨：只要不相撞，随便怎么飞都会在一条直线上。

掉进水里的人首先会发生什么？

» 智慧点拨：身上湿了！

什么字全世界通用？

» 智慧点拨：阿拉伯数字。

一个人的前面放了一个小凳子，他想跨过去，可是怎么也跨不过去，这是什么原因？

» 智慧点拨：因为小凳子就放在墙角处。

汤姆考试得了第一名，妈妈问他要什么礼物时，他说要一个苹果。为什么妈妈说太贵了，让汤姆换一个呢？

» 智慧点拨：汤姆说的是苹果手机。

为什么小孩出生时，只有一只左眼呢？

» 智慧点拨：人本来就只有一只左眼。

汤姆明明种的是瓜，为什么还开花呢？

» 智慧点拨：瓜一般都是先开花后结果的。

铁放在屋外露天会生锈，那么金子呢？

» 智慧点拨：会被偷走。

从小在森林里长大的猴子，是什么动物？

» 智慧点拨：国家保护动物。

两对父子去打猎，他们每人打到了1只野兔，但是总共却只有3只，为什么？

» 智慧点拨：他们是祖孙3人。

什么东西掉进水里不会湿？

» 智慧点拨：影子。

一个人掉到死海，为什么他的头发没有湿？

» 智慧点拨：因为他是光头。

晚上睡觉的时候，妈妈告诉亚瑟好好睡觉，不然会被山中的老虎抓走的，忽然就听到老虎叫声了，为什么妈妈被吓了一跳，亚瑟却笑了？

» 智慧点拨：是亚瑟在学老虎叫。

汤姆从12楼的高桌子上跳了下来，为什么没有受伤？

» 智慧点拨：只是从12楼的桌子跳到了12楼的地面，而不是从12楼高的地方跳下来，当然没有受伤。

你打死了一个动物，为什么流的是自己的血。

» 智慧点拨：因为打死了一只正在吸自己血的蚊子。

有一种鸟，有风了才会飞得很高，这是什么鸟？

» 智慧点拨：这是一个鸟型的风筝。

用什么笔可以在纸上写出多个颜色？

» 智慧点拨：随便什么笔都行，因为你可以写红色、蓝色、绿色……

为什么汤姆跳到水里去了，很多人围观，没人去救，反而还有人说好呢？

» 智慧点拨：汤姆在跳水比赛中，跳出了好成绩。

苏姗大妈一个月前在美国买的花，一个月后到了英国，花还是开得好好的，这是为什么？

» 智慧点拨：她买的是塑料花。

史密斯收到了哈佛大学的录取通知书,为什么史密斯的弟弟说他能够很快读完哈佛大学?

» 智慧点拨:他就只读了这几个字。

生物除去离不开水外,还离不开什么?

» 智慧点拨:当然是空气了。

05

暑假一定比寒假长是因为——热胀冷缩

安娜是田径高手，在决赛的时候一路领先，但是为什么第一个冲到终点线的人却不是她？

» 智慧点拨：因为她跑的是接力赛的第一棒。

为什么暑假一定比寒假长？

» 智慧点拨：因为热胀冷缩呀！

你知道什么人在小学待的时间最长吗？

» 智慧点拨：当然是小学老师啊！

莉莉说："您知道吗？我丈夫在乒乓球决赛中受了伤。"海伦很诧异："可从来没有谁看见过他打球啊？"莉莉承认海伦说得对，可是，自己的丈夫确实在乒乓球决赛中受了伤，而且还为此专门去看了医生，开了药。这是为什么呢？

» 智慧点拨：莉莉的丈夫是在看比赛中喊坏了声带。

🐷 一个刮着寒风的早晨，为什么有一位西装革履的男人在河里拼命游泳？

» 智慧点拨：不小心掉河里了。

🐷 什么东西卖的价格越高越容易成交？

» 智慧点拨：废品。

🐷 为什么羊皮衣不怕雨淋？

» 智慧点拨：你见过羊打过伞吗？

🐷 鸡蛋壳有什么作用？

» 智慧点拨：包蛋清和蛋黄。

🐷 什么时候你必须要露一手？

» 智慧点拨：胳膊上打针的时候！

🐷 公园管理员对睡在长凳上的流浪汉说："喂，要关门啦!"你猜流浪汉怎么回答？

» 智慧点拨："请不要把门弄得太响，谢谢。"

🐷 卡特因工作需求经常交际应酬，虽然每天回家很早，可为什么妻子还是抱怨不断？

» 智慧点拨：因为他每天都是凌晨才回家！

🐷 人类为什么要改成直立行走呢？

» 智慧点拨：据说是为了节省一双鞋子的缘故。

🐷 如果你是一个航海家，当你一只脚迈上新大陆后，紧接着

会做什么呢？

  » 智慧点拨：当然是迈上另一只脚了！

世界上哪座城市交通最发达？

  » 智慧点拨：罗马，因为条条大路通罗马！

教堂的大钟什么时候会响13下？

  » 智慧点拨：该修的时候。

A后面的字母是什么？

  » 智慧点拨：除A以外的所有字母！

屋里有3个人，全都出去了，可为什么还剩下两个人？

  » 智慧点拨：出去的人叫"全都"呀！

森林里有10只鸟，汤姆开枪打死了1只，但为什么其他的9只没有飞走呢？

  » 智慧点拨：因为是鸵鸟，不会飞。

为什么白鹭总是缩着一只脚睡觉？

  » 智慧点拨：如果两只脚都缩着，它不就摔倒了嘛。

请问秃头的最大好处是什么？

  » 智慧点拨：最先知道下雨了！

糖罐子为什么会爬出蚂蚁？

  » 智慧点拨：盖子没盖好呗！

伊莎白吹嘘自己写的小说可以得诺贝尔文学奖，你知道她写的什么小说吗？

» 智慧点拨：肯定是幻想小说啦！

医生冷冰冰地问病人："你是从什么时候开始心里难受的？"你猜病人是怎么回答的？

» 智慧点拨："从看到你的时候起！"

骆驼的什么东西是其他动物所没有的？

» 智慧点拨：当然是小骆驼！

什么东西晚上不请自来，白天却不翼而飞？

» 智慧点拨：黑暗。

什么最铁面无私？

» 智慧点拨：称体重的称。

受骗后的自我感觉是什么？

» 智慧点拨：自己笨呗！

一位不愿意说自己年龄的中年妇女对医生说："我不小于20岁了。"医生诊断她是什么病呢？

» 智慧点拨：失去记忆力。

亚瑟从不念书，但为什么得了模范生？

» 智慧点拨：亚瑟是聋哑学校的模范生。

为什么吃完晚饭后，全家都喜欢坐在电视机前看电视？

» 智慧点拨：因为站久了腿会酸呀！

🐷 沙发和看球赛的男人有什么区别？

» 智慧点拨：沙发不会抽烟、喝酒！

🐷 什么东西人们愿意吸取它，却不想花钱买？

» 智慧点拨：教训。

🐷 一栋楼发生火灾，所有人都往楼下跑，为什么有一个人却往楼上跑？

» 智慧点拨：这个人在地下室，当然要往楼上跑了。

🐷 当你向别人炫耀自己的时候，别人还会知道你的什么？

» 智慧点拨：知道你不是个哑巴！

🐷 父亲对上幼儿园的儿子说："一个橘子加一个橘子，一共是几个？"儿子为什么回答不出来？

» 智慧点拨：因为学校平时是用苹果来教学的！

🐷 你知道什么东西想胖就胖，想瘦就瘦吗？

» 智慧点拨：气球啊！

🐷 有一个女生，她可以不洗澡、不换衣服，但她的衣服却是全世界最贵的，请问她是谁？

» 智慧点拨：自由女神呀！

🐷 人在什么时候看东西一目了然？

» 智慧点拨：当其中一只眼睛不能看的时候。

🐷 谁既能把自然认识得清清楚楚，又能把它改造得面目全非？

» 智慧点拨：画家。

什么雨能淋死人？

» 智慧点拨：枪林弹雨。

为什么年年有余，可还是存不下钱？

» 智慧点拨：因为年年都被炒鱿鱼呀！

不小心把钥匙吞到肚子里了，该怎么办？

» 智慧点拨：还是先找开锁的吧！

有一种东西以T开始，以T结尾，并且中间也装满T（tea），你知道是什么吗？

» 智慧点拨：teapot（茶壶）。

迈克说他爸爸今年不用再花钱给他买课本了，你知道为什么吗？

» 智慧点拨：因为迈克要留级了！

为什么还不到5点，天就开始黑了？

» 智慧点拨：因为是阴天啊。

在什么地方爬到梯子的顶端，看到的都是不同的风景？

» 智慧点拨：火车上的梯子。

为什么金鱼一直待在水里？

» 智慧点拨：因为鱼缸的水一直都没喝完啊。

如果你受了惊吓，你的第一反应会是什么呢？

» 智慧点拨：一跳，被吓一跳。

你知道为什么结了婚的都说婚姻是爱情的枷锁吗？

» 智慧点拨：因为戒指是世界上最小的手铐。

为什么怀特进门前先退了两步呢？

» 智慧点拨：因为门是向外开的呀！

你知道哪种炮弹可以逃过雷达的扫描吗？

» 智慧点拨：糖衣炮弹。

人优先使用左手为左撇子，如果也优先使用左脚的话，会发生什么事情呢？

» 智慧点拨：他就会变成顺拐。

你觉得装傻和装晕最大的差别是什么？

» 智慧点拨：装晕是闭着眼睛的。

请问第一次世界大战是什么时候结束的？

» 智慧点拨：上帝把亚当和夏娃放到大地上的时候。

如果要给懒惰做个生动的解释你会怎么说呢？

» 智慧点拨：不要回答他！

两位朋友以抽签的方式决定谁干重活谁干轻活，在什么情况下都是第一个人干重活？

» 智慧点拨：这个人每次都先抽，而两个签都是干重活。

你认为什么剧最不讨人喜欢？

» 智慧点拨：恶作剧。

有没有一个人，让你想起就想哭呢？

» 智慧点拨：有，债主。

把苹果放在哪，你无论如何都看不到呢？

» 智慧点拨：放在你的头上。

你知道为什么女生宿舍10点关门，男生宿舍却10点30分才关门吗？

» 智慧点拨：因为男生要送女生回去，当然要晚半个小时呀！

⃝06

狗怕做日光浴是因为——它怕变成热狗

🐷 曾经有一条志向非常远大的狗，它备足了干粮和水准备穿越撒哈拉沙漠，但为什么最后它还是死在了沙漠里？

» 智慧点拨：沙漠里没有电线杆，被尿憋死了！

🐷 什么事你可以做，别人也可以做，每个人都可以做，一个人可以单独做，但两个人不能一起做，你知道是什么吗？

» 智慧点拨：做梦。

🐷 一个人临死前要做的最后一件事是什么？

» 智慧点拨：咽下最后一口气。

🐷 什么球的体积最小？

» 智慧点拨：血球。

🐷 在飞驰的列车上，一个人打开车门走了出去，却没有受伤，这是不是有些神奇？

» 智慧点拨：神奇什么？打开车门从一节车厢走到另一节车厢，难道还会受伤？

真的就是美的，你能举出假的也是美的的例子吗？
» 智慧点拨：爷爷装上假牙也很美。

火车从纽约到华盛顿大约需要5个小时，行驶3个小时后，火车该在什么地方？
» 智慧点拨：当然是在车轨上了。

独木桥上一只羊从东边来，一只羊要往西边去，两只羊该如何过桥呢？
» 智慧点拨：这有什么难的，明明是往一个方向嘛。

你衣柜里的衣服哪一件是最耐穿的？
» 智慧点拨：最不喜欢的那件。

天鹅的苦恼是什么？
» 智慧点拨：死后不能升天。

男人在一起喝酒，为什么非划拳不可？
» 智慧点拨：敬酒不吃吃罚酒呀！

上厕所前先干什么？
» 智慧点拨：找厕所呗！

长跑比赛开始后，运动员之间的距离越来越远，但为什么最慢的一个人却最先达到终点？

» 智慧点拨：跑道是圆形的，这个人一开始就跑不动了，于是回到终点休息！

什么书在书店里买不到？

» 智慧点拨：你能买到遗书吗？

一个人摔了三次都没有受伤，如果说第一次是偶然，第二次是幸运，那第三次是什么？

» 智慧点拨：当然是习惯啦！

26个英文字母中很多人都喜欢听哪两个呢？

» 智慧点拨：C和D。

你知道为什么狗怕做日光浴？

» 智慧点拨：因为它怕变成热狗。

老师布置一篇题目是《假如我是一位老板》的随堂作文。当大家都埋头写作的时候，只有一个男生无动于衷，老师问他为什么不写，你猜他怎么说？

» 智慧点拨：他说："我在等我的秘书。"

大人上班迟到的原因是塞车，小孩上学迟到又是因为什么呢？

» 智慧点拨：大人睡过了头呗！

人们通常把随时靠走的兵称作步兵，那把随时靠跑的兵称作什么？

» 智慧点拨：逃兵。

🐷 从事什么职业的人最容易在短时间内反复改变自己的主意？

» 智慧点拨：列队的教官！

🐷 一个人为了省车费，跟在公共汽车后面跑回家，你猜他老婆怎么说？

» 智慧点拨："傻瓜，你为什么不跟着出租车跑回家，那不是能省更多吗？"

🐷 鼻子受伤的人怎么睡觉？

» 智慧点拨：闭着眼睡呗！

🐷 世界上哪座楼修建得最便宜？

» 智慧点拨：五角大楼。

🐷 针掉到大海里怎么办？

» 智慧点拨：再买一根呀！

🐷 劳拉养了一只凶猛的狼犬，可它为什么却从不咬胖子？

» 智慧点拨：因为它只吃瘦肉！

🐷 学校大楼共有56盏灯，每个教室4盏，其中5个教室的灯关掉一半，大楼还有几盏灯？

» 智慧点拨：不管怎么关，灯当然还是56盏喽！

🐷 谁敢站在刀上？

» 智慧点拨：用冰刀溜冰的人。

为什么孩子在白天总是贪玩？

» 智慧点拨：晚上要睡觉啊，没时间玩。

驾驶员在公路上面驾驶，速度要达到每小时250千米，你猜他做得到吗？

» 智慧点拨：这有什么难的，在公路上面开直升机就好了。

一朵盛开的花，却被放在家里、关在笼子里，请问这究竟是什么花？

» 智慧点拨：电风扇呀！

谁常走路，却不穿鞋？

» 智慧点拨：动物都光着脚走路的呀！

为什么说拿破仑的字典里没有一个难字？

» 智慧点拨：因为他用的法语字典。

桌上有4只苍蝇，打死1只，还剩几只？

» 智慧点拨：1只，打死的那1只！

一个人从飞机上掉下来，为什么没摔死呢？

» 智慧点拨：飞机是停在地上的。

海水为什么是咸的？

» 智慧点拨：鱼流的泪太多了！

一位青年向某作家投寄了几首诗，并附言："我对标点向来不在乎，请您自己填吧。"你猜作家回信怎么说？

» 智慧点拨："我对诗向来不在乎，下次请您只寄标点来吧！"

什么地方淹死的人比大海里多得多？

» 智慧点拨：酒杯里。

烈日当空，没有一点下雨的迹象，可为什么雅尼却浑身湿淋淋的？

» 智慧点拨：因为她正在游泳。

美国总统是怎么到白宫里的？

» 智慧点拨：从大门走进去就行了！

某动物园贴出新告示，告示上并没有说罚款，游客却不再向虎山扔东西了，你猜告示上是怎么写的？

» 智慧点拨："凡向虎山扔东西者，必须自己捡回！"

客人送来一篮草莓，贝拉吵着要吃草莓，可为什么妈妈偏说家里没有草莓？

» 智慧点拨：客人送来的只是一幅画！

3岁的瑞纳凭什么断定，人只能同亲戚结婚？

» 智慧点拨：他家结了婚的人全是亲戚！

为什么人们喜欢抬起一只脚呢？

» 智慧点拨：抬起两只脚还怎么站得住！

什么人比大力士能举起的重量要轻得多，但大力士却举不起来？

» 智慧点拨：他自己！

招收演员时，考官的题目是《黑夜归来》，怎样做最容易被录取呢？

» 智慧点拨：很简单，做个拉灯的动作不就结了！

森林里举行化装舞会，谁最善于伪装？

» 智慧点拨：人。

闭上眼睛后，会发生什么事呢？

» 智慧点拨：当然是什么也看不见了呀！

你知道胖女人最讨厌什么吗？

» 智慧点拨：当然是发明秤的人。

一个囚犯，在对他执行电击死刑时，突然停电了，然后警察对那死囚犯说了一句什么话，囚犯听了之后就哭了？

» 智慧点拨：停电了，只有点蜡烛来执行死刑了。

一个人被恐龙一口咬住，又被嚼了好几下，为什么没有受伤？

» 智慧点拨：因为他被塞到恐龙的牙缝里了！

你知道大象老师让谁去面壁思过，被罚的人最高兴吗？

» 智慧点拨：壁虎。

为什么亚当说太阳比美国离我们近？

» 智慧点拨：因为他能看到太阳，但看不到美国。

什么动物既没有祖先也没有子孙？

» 智慧点拨：骡子呀！

春秋时期你知道中国有多少伟人出生吗？

» 智慧点拨：一个也没有，因为刚出生的都是婴儿。

哪个字母能让马路变宽？

» 智慧点拨：字母B能让马路（road）变宽（broad）。

什么路人不可以走，而其他的某些东西可以走？

» 智慧点拨：电路。

在开往安娜家的末班车上有7个乘客，车上没有售票员，倒数第二站时下了3个人，你觉得在终点站会有几个人下车？

» 智慧点拨：5个人，因为司机也该下班回家了。

什么时候开口说话要付钱？

» 智慧点拨：打电话的时候。

泰格每天都迟到，你知道为什么他今天没迟到吗？

» 智慧点拨：今天是星期天啊。

人为什么要走着去床上睡觉呢？

» 智慧点拨：因为床不会走过来。

07

人最怕中断的事情是——呼吸

🐷 什么人一年只需要工作一天，更不用担心会丢掉工作？

» 智慧点拨：圣诞老人。

🐷 我们都怕上什么地方？

» 智慧点拨：上当呀！

🐷 用铁锤锤鸡蛋为什么锤不破？

» 智慧点拨：锤当然不会破了，会破的是鸡蛋。

🐷 什么东西天气越热爬得越高？

» 智慧点拨：温度计里的液体。

🐷 哪种门最不像门？

» 智慧点拨：脑门。

🐷 老师说："彼得，让我们从头开始，先抄两遍课文。"但为什么彼得坚持只抄一遍？

» 智慧点拨：老师说"我们"，所以那一遍归老师抄。

父母的遗传称为"先天"，那把什么称为"后天"？

» 智慧点拨：明天的明天就是后天呀！

秃顶有什么好处？

» 智慧点拨：节省理发费！

最好的写作方式是什么？

» 智慧点拨：从左到右呗！

什么东西破了要比不破好？

» 智慧点拨：案件。

什么是油画？

» 智慧点拨：用油画的画呗！

莱西阿姨在超市里买了一箱鸡蛋，路上鸡蛋既没有碎也没有丢失，莱西阿姨也不可能偷吃，但为什么回家时她却两手空空？

» 智慧点拨：送人了。

什么情况一山可容二虎？

» 智慧点拨：一公一母的时候。

船厂老板最怕什么？

» 智慧点拨：地球上没水了。

语文和数学哪个更好学？

» 智慧点拨：数学，因为数学只有10个数字。

约翰只用一只手就能让行驶的汽车停下来，为什么呢？

» 智慧点拨：他在招呼出租车。

妈妈对孩子说："箱子的钥匙是很重要的东西，应该放在不容易丢失的地方。"孩子会把钥匙放哪里呢？

» 智慧点拨：锁在箱子里呀！

电脑和人脑最大的区别是什么？

» 智慧点拨：电脑可以搬家，而人脑不行。

苹果从树上掉下来，打在了牛顿的头上后，牛顿说的第一句话是什么？

» 智慧点拨："哎呀！"

一艘即将沉没的船上，有人在拼命地往袋子里装一种到处都有，而且并不贵重的东西，它到底装的什么？

» 智慧点拨：空气。

老师叫约翰把"哥哥去学校"这句话改为将来时，约翰改完后，老师哭笑不得，你猜约翰是怎样改的？

» 智慧点拨：约翰改为"哥哥的儿子去学校"。

亚瑟发现房间遭窃，但他为什么一点儿也不紧张？

» 智慧点拨：因为那是别人的房间！

什么东西最容易满足？

» 智慧点拨：袜子呗！

什么时候有人敲门，你绝不会说请进？

» 智慧点拨：当你在厕所的时候！

希尼的太太牙疼得直哼哼，希尼该怎么办呢？

» 智慧点拨：把耳朵塞住！

一个缸里一半是水一半是油，你能有什么办法能在不沾油的情况下把水取出来吗？

» 智慧点拨：水的密度比油大，直接在缸底打个洞水就出来了。

比乌鸦更讨厌的东西是什么？

» 智慧点拨：乌鸦嘴。

丁丁说贝贝在我前面，但贝贝却说丁丁在我前面，你知道这是怎么回事吗？

» 智慧点拨：他俩面对面。

两只北极熊打架，为什么要斗得你死我活？

» 智慧点拨：因为没有人赶去劝架呀。

什么人的工作整天忙得团团转？

» 智慧点拨：芭蕾舞演员。

乔治受了伤，他的马把他送回家，但他为什么还对马发脾气？

» 智慧点拨：因为他是被马踢伤的！

做什么事时要用手抓住长的，用脚踩住短的？
» 智慧点拨：爬梯子的时候！

他乡遇故知，故知中什么人最不受欢迎？
» 智慧点拨：债主呗！

人们心目中最理想的日历应该是什么样的？
» 智慧点拨：星期天多的！

什么东西将要来却永远让人等？
» 智慧点拨：明天。

一只普通手表刚掉到大海里，会不会停呢？
» 智慧点拨：怎么会停，它会一直沉下去！

牙医最喜欢什么行业？
» 智慧点拨：糖果店。

被鳄鱼咬和被鲨鱼咬后的感觉有什么不同？
» 智慧点拨：没有人知道吧！

世界上什么海最大？
» 智慧点拨：苦海，因为苦海无涯。

6道计算题，汤姆做错了3道，老师没有批评他，杰克都没做错，但为什么挨了批评？

» 智慧点拨：因为杰克1道题也没做！

为什么威尔逊骑摩托车撞倒了行人还说"先生，你真走运"？

» 智慧点拨：因为他平时都开大卡车。

为什么自由女神像老站在纽约港？

» 智慧点拨：她也想坐，就是坐不下去呀！

有个男人站在设计时速为240千米的列车顶上，虽然他不是一个会飞檐走壁的超人，但是，为什么他仍然显得从容自如、毫不紧张呢？

» 智慧点拨：因为当时火车还没开动啊。

为什么汤姆在游泳池里老是忘掉时间？

» 智慧点拨：因为手表在水里不走呀！

每天上午，无数白领上班族都会思考一个无数哲人思考了几千年，却从来没有标准答案的、严重的问题，你知道是什么问题吗？

» 智慧点拨：今天中午吃什么？

一头大象与一只蚂蚁进行生死PK大赛，结果大象输了死了，蚂蚁还活着。你知道它们进行的是什么比赛吗？

» 智慧点拨：踩地雷。大象沉，踩着被炸死了。

蚂蚁说它一口气能把一头牛给赶走了，你知道这是为什么吗？

» 智慧点拨：因为蚂蚁在吹牛啊！

数字"3"在路上走，翻了一个跟斗，接着又翻了一个跟斗。现在变成了什么？

» 智慧点拨：还是"3"啊！

一只壁虎在一家证券公司门口迷了路，正好有一条鳄鱼爬了过来想吃它，请问壁虎说了什么后鳄鱼没有吃它？

» 智慧点拨："妈，我炒股瘦成这样，你就不认识我了吗？"

我们看的电视，到最后男女主角结婚了，电视就这样大结局了，这说明了什么呢？

» 智慧点拨：只要一结婚，后面就没戏了。

远东百货遭小偷，警察立刻封锁住所有出口，但为什么小偷仍逃了出去？

» 智慧点拨：因为小偷可以从入口逃走啊。

你知道糖果是公的还是母的？

» 智慧点拨：母的，因为它会生蚂蚁。

当你捏住你的鼻子的时候，你会看不到什么呢？

» 智慧点拨：当然是看不到你自己的鼻子呀！

螳螂向蚂蚱炫耀自己的手："看我的手里拿着刀多漂亮！"一会儿公鸡过来就把螳螂吃掉了。你知道为什么吗？

» 智慧点拨：严打时期，不能拿刀！

为什么中国射击成绩很好？

» 智慧点拨：因为大家习惯睁只眼闭只眼。

为什么航天飞机飞得那么快？

» 智慧点拨：屁股着火了能不快吗？

用什么手抓面粉会占便宜？

» 智慧点拨：湿手。

世界上最大的鳄鱼产在哪里？

» 智慧点拨：当然是鳄鱼蛋里了。

毛毛虫要到一条很急的河的对面去，可是上面没有桥，你能想办法让它过去吗？

» 智慧点拨：变成蝴蝶飞过去就行了。

08

只要说出它的名字就会把它
破坏掉的东西是——沉默

一张扑克牌背面向上放在桌上，你能不能想出一个好办法，知道扑克牌的花样？

» 智慧点拨：把牌翻过来看下不就行了！

在小溪中，为什么有一只健壮的鸭子溺死了？

» 智慧点拨：它想不开自杀了！

一个数字去掉首位是十五，去掉末尾是五十。你知道这个数是几吗？

» 智慧点拨：五十五。

鸟在月球上比在地球上飞得快，还是慢？

» 智慧点拨：鸟在月球上会死，还飞什么？

什么东西你只要说出它的名字就会把它破坏掉？

» 智慧点拨：沉默。

去同一层楼，小花坐电梯，小刚走楼梯，为什么小刚先到？

» 智慧点拨：因为停电了呗！

胖胖是个很有名气的跳水运动员，可是为什么有一天，他站在跳台上却不敢往下跳了？

» 智慧点拨：水池里没有水。

要如何教一只螃蟹爬山呢？

» 智慧点拨：要他横着上去就行了！

罗伯特把钱给了一位陌生的老太太，还说了谢谢，为什么？

» 智慧点拨：因为老太太是售货员呀！

一个人从来不养鸡，但为什么每天可以捡回好几个蛋？

» 智慧点拨：这人养了鹅呀！

什么东西提供给别人，对自己也是百益无害？

» 智慧点拨：忠告。

怎样做才能拥有心跳的感觉呢？

» 智慧点拨：活着就行了。

有个人饿得要死，而冰箱里有鸡、鱼、猪肉等罐头，他先打开什么？

» 智慧点拨：当然是先打开冰箱门呀！

护士对一位先生说："恭喜您，您做爸爸了。"那位先生为了给妻子一个惊喜，叮嘱护士一句什么话？

» 智慧点拨："先不要把这个消息告诉我的妻子！"

什么样的钉子最可怕？

» 智慧点拨：眼中钉。

吃苹果时，吃出几条虫子最可怕？

» 智慧点拨：吃到半条虫子，因为另外半条已经被吃进肚子里了。

喜剧和悲剧之间有什么联系？

» 智慧点拨：没人看的喜剧就会变成悲剧。

鸡鹅百米赛跑，为什么鸡比鹅跑得快，却后到终点呢？

» 智慧点拨：因为鸡跑错了方向。

谁最愿意咬文嚼字？

» 智慧点拨：书蛀虫呗！

什么人天天都在弄虚作假？

» 智慧点拨：演员。

人做什么事最怕中断？

» 智慧点拨：呼吸。

你知道哪个英语单词，拼出来是9个字母，但拿走4个却变成7个吗？

» 智慧点拨：seventeen。

一个警察有一个射程是100米的枪，而警察和歹徒的距离是101米，警察和小偷都没动，可你知道为什么警察却开枪打死了歹徒吗？

» 智慧点拨：因为警察拿的枪枪管长1米。

🐷 考试做判断题，有个学生掷骰子决定答案，题目有20道，为什么他却扔了40次？

» 智慧点拨：他要验证一遍。

🐷 一位准备接受手术的患者对医生说："这是我第一次做手术，很紧张。"为什么医生表示特别理解他？

» 智慧点拨：这位医生也是第一次做手术。

🐷 两个人约会，为什么总有一个人迟到？

» 智慧点拨：因为有一人总是早到！

🐷 米琪走在路上，没有任何灯光，也没有月光，为什么她能看到远处的东西？

» 智慧点拨：因为是在白天。

🐷 怎样才能把地球举起来？

» 智慧点拨：倒立着不就行了！

🐷 你知道什么花不用浇水吗？

» 智慧点拨：雪花。

🐷 三更半夜回家才发现忘记带钥匙，家里又没有其他人在，这时你最大的愿望是什么？

» 智慧点拨：希望自己忘记锁门了。

🐷 医治晕车的最好办法是什么？

» 智慧点拨：走路呀！

树上有100只鸟，怎样能在不伤害它们的前提下，一下子把它们全部捕获？

» 智慧点拨：用照相机拍下来。

托马斯在客户面前骂经理是个大笨蛋，结果第二天就被炒鱿鱼了，你猜经理用什么理由辞退他的呢？

» 智慧点拨：因为他泄露了公司最重要的机密！

从前有一个雪糕，为什么它走着走着就化了呢？

» 智慧点拨：出汗累死了。

汤姆的历史考得很不好，他为什么还觉得十分委屈？

» 智慧点拨：因为老师问的全是他出生以前的事！

一个人不会游泳，但为什么掉进深水里却没有淹死？

» 智慧点拨：因为他穿了救生衣！

一台质量绝对没问题的电视机，为什么打开按钮后没有图像和声音？

» 智慧点拨：没有接通电源呀！

电和闪电最大的区别是什么？

» 智慧点拨：一个收费一个不收费。

最忙的电器是谁？

» 智慧点拨：我们时常会说"忙得团团转"，最爱团团转的电器自然是电风扇了。

生物课上老师讲过人的身体里有206块骨头，可为什么杰克偏偏说他有207块？

» 智慧点拨：因为他刚吞下一块鱼骨头。

借什么可以不还？

» 智慧点拨：借光。

伐木的是木匠，种花的是花匠，那养牛的是什么？

» 智慧点拨：养牛专业户呗。

为什么只有夏天的时候才有雷阵雨？

» 智慧点拨：因为它要冬眠。

为什么经常看到倒吊着的蝙蝠？

» 智慧点拨：因为它胃下垂。

吸血鬼最怕得什么病？

» 智慧点拨：晕血症。

约翰的儿子和他感情一直很好，为什么他儿子却从来不叫爸爸或爹呢？

» 智慧点拨：因为他儿子是哑巴。

我们知道自己的嘴巴碰不到自己的鼻子，那聪明的你能想办法碰到自己鼻子吗？

» 智慧点拨：用自己的手去碰就行了。

7岁的迈克每天都不读书，可为什么老师还夸他成绩优秀？

» 智慧点拨：因为迈克是学乐器的，只要会弹奏就可以了。

🐷 哪个字母可以代表海洋？

» 智慧点拨：字母C（sea）。

🐷 有一种东西虽然没有长度、宽度和高度，但是仍然可以测量，你知道是什么吗？

» 智慧点拨：温度。

🐷 为什么蚕宝宝越来越少了？

» 智慧点拨：因为都变成蚕蛾了。

🐷 怀特路过电影院的时候，发现一大批人从电影院里冲出来，但是并没有听到警报声，你知道这是为什么吗？

» 智慧点拨：电影散场了。

🐷 你能一只手画三角形，另一只手画四边形吗？

» 智慧点拨：先用一只手画三角，再用另一只手画四边形就行了。

🐷 你知道火箭为什么总是失业吗？

» 智慧点拨：因为总是遭到fire（点火，解雇）。

🐷 一个身高1米5的小孩，在一个平均深度是1米的池塘里为什么却被淹死了？

» 智慧点拨：因为是平均深度，并不能保证所有的地方都是1米。

🐷 一天夜里12点钟，下了一场暴风雨。那么再过72个小时，你猜会不会阳光普照呢？

» 智慧点拨：72小时以后还是半夜12点，怎么会出太阳呢？

在一次只有10支队伍参加的篮球比赛中，你知道最少需要进行几次比赛才能决出冠军吗？

» 智慧点拨：一次淘汰1支队，所以需要9次。

甲开车前往乙家，乙步行往甲家走，两人在一路口相遇，问现在谁离甲家较近？

» 智慧点拨：他们离甲地的距离是一样的，因为他们相遇时在同一个地方。

什么动物年纪虽小可胡子一大把，见到谁都爱喊妈妈？

» 智慧点拨：羊。

有8个数字8，你有什么办法能让它等于1000吗？

» 智慧点拨：8+8+8+88+888=1000。

09

一张方桌锯掉一个角，
还有几个角——5个

你知道唐老鸭最希望发生什么奇迹吗？

» 智慧点拨：发现自己原来是白天鹅。

一张方桌锯掉一个角，还有几个角？

» 智慧点拨：5个角。

为什么鹦鹉鸟的嘴巴一张一合的？

» 智慧点拨：因为它在用嘴呼吸啊！

为什么亚当和夏娃的婚姻被宣布无效？

» 智慧点拨：没人给他们发结婚证。

没电了，第一件事要做什么呢？

» 智慧点拨：点着火柴。

一个口齿伶俐的人，为什么只看着你微笑，怎么也讲不出话来？

» 智慧点拨：因为他在照片上。

你知道什么人出去吃饭却从来不付钱吗？

» 智慧点拨：跟着父母的小孩子。

有4张完全相同的纸，其中有1张被铅笔划过，并且有橡皮擦过的痕迹，你有什么办法能让别人看不出这些痕迹吗？

» 智慧点拨：在其他3张上也用铅笔划，并且再擦去痕迹就行了。

米勒早晨在花园里看到树木上挂满了露珠，他就得出晚上比白天热的结论，你知道他是依据什么才这样认为的吗？

» 智慧点拨：这些树木晚上都流汗了，而白天就没有。

你知道什么猴看不见也摸不着吗？

» 智慧点拨：火候（猴）。

什么时候你去拜访别人，却不需要见到他们呢？

» 智慧点拨：当去墓地祭拜的时候。

哪种人专说别人想听的话？

» 智慧点拨：翻译。

怎样检验买回的火柴有没有受潮？

» 智慧点拨：把每一根都划燃不就知道了。

老王已经年过半百了，但为什么还总是爱围着女人转？

» 智慧点拨：因为老王是推销化妆品的！

🐷 法国国王路易十六夫妇被砍头后，他的儿子当了什么？

» 智慧点拨：当然是孤儿咯！

🐷 为什么保罗总要等老师动手才去听老师的话？

» 智慧点拨：保罗在上哑语课。

🐷 用最简短的文字描述一场足球赛你会怎么说？

» 智慧点拨："雨天，未赛。"

🐷 人在不觉得口渴的时候，也需要什么水？

» 智慧点拨：薪水。

🐷 一位先生登了一则广告："我家没有看门狗，征购两只。"你猜结果会怎么样？

» 智慧点拨：他家当天就被盗了。

🐷 石榴为什么想一直青涩，不愿成熟？

» 智慧点拨：因为成熟了它就会皮开肉绽！

🐷 "饭来张口，衣来伸手"是用来形容哪种人的？

» 智慧点拨：当然是婴儿呀！

🐷 世界上的羊毛主要产在哪里？

» 智慧点拨：当然是羊身上啊！

🐷 乌龟和兔子赛跑结果总是乌龟赢，兔子应该坚持比什么就一定能赢乌龟？

» 智慧点拨：比仰卧起坐呀！

拿破仑临死前说的最后一句话是什么话？

» 智慧点拨：当然是法国话呀！

什么东西看不到却可以摸到，万一摸不到会把人吓一跳？

» 智慧点拨：脉搏。

什么时候你能像跑车一样快？

» 智慧点拨：当你在跑车里的时候。

爸爸给超超买了本《知识爷爷》，但为什么保罗说什么也不要？

» 智慧点拨：因为他觉得爷爷的知识已经老化了！

什么东西破裂后看不到碎片？

» 智慧点拨：感情。

停电了，为什么还能看电视呢？

» 智慧点拨：看电视机呀！

戴维斯说他的眼睛非常厉害，眨一眨眼睛就可以把点燃的火柴吹灭，你说戴维斯是什么人？

» 智慧点拨：吹牛大王。

月球上可以居住成千上万的人，一点也不感到拥挤，在什么时候才会拥挤呢？

» 智慧点拨：当月球变成月牙的时候！

一只被10米绳子拴住的老虎，要怎么样才能吃到20米外

的草呢？

» 智慧点拨：根本就不用想，因为老虎不吃草。

一个人从50米高的大厦上跳楼自杀，重重地摔在地上，但为什么专家说不是被摔死的呢？

» 智慧点拨：他在半空中就已经被吓死了！

每年圣诞夜，圣诞老人放进袜子里的第一件东西是什么东西？

» 智慧点拨：他自己的脚 。

政客们为什么不再关注打雪仗了？

» 智慧点拨：因为冷战已经结束了。

为什么总是男人比女人先秃头？

» 智慧点拨：因为女人头发留得长。

一个学生住在学校里，但为什么他上学还经常迟到？

» 智慧点拨：因为他家所在的学校不是他上的学校！

你知道时间为什么会飞逝吗？

» 智慧点拨：因为要甩掉想要谋杀它的人。

没拿手杖的盲人，走到一处没盖儿的水井前，为什么没有失足掉进去，而是转身往回走呢？

» 智慧点拨：他想起忘带手杖了，于是就返回去拿了！

有一天，瑞米尔看到麦克随即惊叫，为什么麦克也跟着惊叫起来？

» 智慧点拨：他们正在玩游戏！

约翰一个人睡觉，为什么醒来屁股上竟出现深深的牙印？

» 智慧点拨：他昨晚睡在假牙上了呗！

狗去哪里可以再弄到一条尾巴？

» 智慧点拨：商店里。

为什么经常有人从10米高的地方不带任何安全装置往下跳？

» 智慧点拨：因为他在高台跳水。

离世前，你知道最应该做的是什么事情吗？

» 智慧点拨：闭上眼睛，免得吓人。

为什么自从学校门口挂了指示牌以后，彼得就天天都迟到？

» 智慧点拨：因为指示牌上写着：学校，慢行！

老王头上只有3根头发，有一天他朋友结婚，为什么还要剪掉一根呢？

» 智慧点拨：因为他要留中分发型。

有什么好的办法能防止被狗咬？

» 智慧点拨：不要跑在狗的前面！

哪种蔬菜从来不在田里或地里栽种，却很容易买到？

» 智慧点拨：豆芽呗！

你能用最快的速度把一本书的每一页都点上点吗？
» 智慧点拨：把书的一角折起，然后在折起的书角上画一条线。

你知道什么枪不用装子弹吗？
» 智慧点拨：标枪。

人类和猴子有什么共同点？
» 智慧点拨：都是动物呀。

约翰上学时把家里的门锁好了，为什么等他放学回来时门是开着的？
» 智慧点拨：因为妈妈比他先回家。

你知道哪个月份让士兵最讨厌吗？
» 智慧点拨：march（三月，行军）。

长颈鹿的长脖子是怎么长成的？
» 智慧点拨：出生时就有呀。

你不是聋子，为什么我说话你听不到？
» 智慧点拨：你们不在同一个地方呀！

刺杀肯尼迪的子弹从哪儿来？
» 智慧点拨：当然从枪口里出来的呀！

聪明和傻子有什么区别？
» 智慧点拨：聪明提问，傻子回答。

怀特把闹钟调到早上六点，他在五点多就醒了，可他不知道把闹钟塞到哪了，你能帮忙找找吗？

» 智慧点拨：等到六点闹铃一响不就知道了嘛！

10

增长智力最有效的方法是——吃一堑，长一智

火柴只是几天没洗头，你知道为什么就自焚了吗？

» 智慧点拨：因为它头痒痒，一挠就把自己给烧了。

大卫为什么在电影最精彩的时候去上厕所？

» 智慧点拨：因为他没有去看电影呀！

有一艘船限载50人，船上已有49人后，一个孕妇上了船后，为什么船还是沉入了海中？

» 智慧点拨：是潜水艇呀！

不用任何工具，也不会游泳，你能从湖中心的小岛上回来吗？

» 智慧点拨：能，等湖水结冰了就能回来了！

掉进无底洞的人会摔死吗？

» 智慧点拨：不会，会饿死的！

奥克利在图画课上交了一张全部涂黑的图画，为什么老师还是算他及格了呢？

» 智慧点拨：因为奥克利画的是一个黑人在半夜里抓乌鸦！

如果苹果没落在牛顿头顶上，会落到哪里呢？

» 智慧点拨：当然是地上咯！

有位老太太坐公车，让司机到达终点站时通知她，可为什么她却在每次司机到站时就站起来一会儿又坐下？

» 智慧点拨：因为她将车厢前方电脑显示屏中的"下一站停车"看成了"车停站一下"。

增长智力最有效的方法是什么？

» 智慧点拨：吃一堑，长一智。

你觉得孤枕难眠该怎么办才好？

» 智慧点拨：用两个枕头就好了。

约翰从飞机上掉下来，为什么只是在头上起了个包？

» 智慧点拨：因为飞机还没起飞呀！

刘易斯的爸爸、妈妈之间发生的最凑巧的事是什么？

» 智慧点拨：同一天结婚！

是太阳叫公鸡起床，还是公鸡叫太阳起床？

» 智慧点拨：是公鸡叫太阳起床，因为太阳不会叫！

瑞达使劲向狗踢去，为什么狗却没有叫？

» 智慧点拨：没踢中呀！

一个四脚朝天，一个四脚朝地，一个很痛苦，一个很高兴，你知道这是在干什么吗？

» 智慧点拨：猫捉老鼠。

汤姆正在画魔鬼，你知道魔鬼长什么样子吗？

» 智慧点拨：就是汤姆画的样子呀！

同样是女的，为什么女朋友好哄，丈母娘难哄呢？

» 智慧点拨：因为丈母娘已经上过一次当了。

有一个人被一个从几千米高空掉下来的东西砸在头上，为什么却没有受伤？

» 智慧点拨：掉下来的是雪花呀！

一只凶猛的饿猫，看到老鼠为什么拔腿就跑？

» 智慧点拨：因为老鼠先跑了，它去抓老鼠。

有个地方发生了火灾，虽然有很多人在救火，但就是没人报火警。你知道这是为什么吗？

» 智慧点拨：因为这是消防队着火了。

什么东西有风的时候不动，没风的时候动？

» 智慧点拨：扇子。

不让猫偷吃蛋糕最斯文的方法是什么？

» 智慧点拨：自己把蛋糕全吃掉！

人们除了在耳朵上戴耳环外，还会在上面戴什么？

» 智慧点拨：眼镜。

期末考试，小南一题都没写，但为什么她突然眼睛一亮，开始奋笔疾书？

» 智慧点拨：她在写班级、座号、姓名呢！

什么人被指控，清白无辜也需要别人证明，并且在证明之前他是有罪的？

» 智慧点拨：被告！

猴子爬到树上摘香瓜，如果每分钟能摘1个，那10分钟可以摘几个？

» 智慧点拨：一个也摘不到，你见过香瓜是长在树上的？

一只红螃蟹的脚比一只青螃蟹的脚长一倍，请问它俩谁爬得更快？

» 智慧点拨：青螃蟹爬得更快。因为红螃蟹是熟的，根本就不会动！

电影院内禁止吸烟，而在剧情达到高潮时，却有一男子开始抽烟，整个屏幕都笼罩着烟雾，但为什么没有任何一位观众出来抗议？

» 智慧点拨：因为这个抽烟的男子是电影里出现的人物。

什么鱼的两只眼睛距离最近？

» 智慧点拨：肯定是最小的鱼呀！

人行走的时候，左右脚有什么不同呢？

» 智慧点拨：一前一后。

什么东西请人吃也没人愿意，自己吃又咽不下去？

» 智慧点拨：吃"亏"。

🐷 吉姆一直是个乖巧的孩子，但今天他做了一件惊天动地的大事，你知道他做的什么事吗？

» 智慧点拨：放烟花。

🐷 鲁宾逊喝醉不小心撞树上把脸撞伤了，怕回家太太知道了责怪自己，就去洗手间对着镜子贴上创可贴，可为什么回家还是被太太骂了一顿？

» 智慧点拨：因为他把创可贴贴在镜子上啦！

🐷 减肥时，最容易瘦的是哪一个部位？

» 智慧点拨：当然是钱包呗。

🐷 纸上写着某一份命令，但为什么能看懂此文字的人，都不会宣读命令，你猜猜纸条上写的什么？

» 智慧点拨：纸条上写着"不要念出此文"。

🐷 对于男人来说，能够娶到一位贤淑的妻子当然是一大福分；那要是娶到一个恶妻会怎么样呢？

» 智慧点拨：可以成为一个哲学家。

🐷 为什么人们要到市场上去？

» 智慧点拨：因为市场不会来呀！

🐷 报纸上登的消息不一定百分之百是真的，但什么消息绝对假不了？

» 智慧点拨：报纸上的年月日！

牙医靠什么吃饭?

» 智慧点拨: 当然是嘴巴呀!

托马斯住的是楼房, 为什么每次出门还要上楼?

» 智慧点拨: 因为他住地下室!

蝎子和螃蟹玩猜拳, 为什么它们玩了两天两夜还是分不出胜负?

» 智慧点拨: 因为它们都只能出剪刀!

在什么情况之下2/4和4/4不会约成最简分数?

» 智慧点拨: 写在五线谱上面!

为什么一个孕妇被人踢了, 却没有生气?

» 智慧点拨: 因为踢她的是肚子里的孩子!

什么东西尖脚平头, 挨了打才肯干活?

» 智慧点拨: 钉子!

什么东西旧的和新的同样值钱?

» 智慧点拨: 当然是钱呀!

谁被人家"放了鸽子"还很高兴?

» 智慧点拨: 当然是鸽子呀!

每当第一缕阳光射进窗户时托马斯就起床了, 但家里人还是叫他"懒虫", 为什么?

» 智慧点拨: 因为托马斯卧室的窗户朝西!

暑假爸爸带麦克去旅游，室外的温度在30度以上，可小麦克还是在旅行包里带了两件冬大衣，你知道这是怎么回事吗？

» 智慧点拨：因为他们是要去很冷的地方旅游。

你知道真理的位置在哪里吗？

» 智慧点拨：真理无处不在。

为什么说"吃三文鱼可以减少皱纹"？

» 智慧点拨：你看过三文鱼长皱纹吗？

凯文结婚几年了，为什么没生下一个孩子，但他却当了爹？

» 智慧点拨：他生的是双胞胎。

什么东西边吃边烧？

» 智慧点拨：香烟。

格里夫是学校篮球队的主力，可这次比赛他为什么一分也没得？

» 智慧点拨：因为他没参加这次比赛啊。

一栋特别黑的房子里，为什么冒险家什么都看得到？

» 智慧点拨：因为他是在幻想未来。

什么人在工作的时候从来不用手？

» 智慧点拨：足球运动员。

什么线无论怎么剪都剪不断？

» 智慧点拨：光线。

什么东西用的越久钱越多？

» 智慧点拨：当然是存钱罐。

11

能够很轻易地把世界拳击冠军打倒的是——瞌睡

🐷 如果恐龙没有绝迹，世界将会变成什么样?

» 智慧点拨: 再也没有人稀罕它的存在了呗!

🐷 汤姆考试得了0分，至少证明了什么?

» 智慧点拨: 证明他考试没有作弊!

🐷 史密斯去餐馆打工，第一天就把手烫伤了，结果老板说了一句什么安慰话，就把他吓跑了?

» 智慧点拨: 老板说: "没关系，过几天就会变成熟手的! "

🐷 为什么人们认定蘑菇是长在潮湿的地方?

» 智慧点拨: 因为蘑菇长得像伞呀!

🐷 比尔在从单位回家的计程车上睡着了。他一觉醒来，发现前座的司机不见了，但为什么车子仍然在前进?

» 智慧点拨: 车子抛锚了，司机正在后面推车呢。

什么事你明明没有做，却还要受罚？

» 智慧点拨：家庭作业。

甲跟乙打赌说："我可以咬到自己的左眼。"乙不信，结果甲真的做到了，你猜这是怎么回事？

» 智慧点拨：他是把假牙拿下来咬左眼的！

世界拳击冠军很容易被什么击倒？

» 智慧点拨：瞌睡。

米歇尔在洗衣服，但洗了半天，为什么她的衣服还是脏的？

» 智慧点拨：因为她洗的是别人的衣服。

上化学课时，将氯化钡、硫酸铜、碳酸钙三样化学物质混合在一起，你猜结果会怎么样？

» 智慧点拨：会被老师修理一顿。

一只母猪带着10只小猪过河，丢了1只，过河后一算，为什么还是10只？

» 智慧点拨：因为母猪不会算数呀！

一位著名的作家一生写了好多本书，你知道他最后一本书是什么书吗？

» 智慧点拨：遗书。

为什么罗丹的雕塑作品中"沉思者"没有穿衣服？

» 智慧点拨：他正在思考穿哪一件衣服比较好看！

福尔摩斯花了半天时间，却查不出命案现场有任何线索及目击者，但为什么他随即就宣布破案了？

» 智慧点拨：因为凶手自首了。

盲人怎么吃橘子？

» 智慧点拨：掰着吃！

一般人都平躺在床上睡，那你知道驼背的人是怎么睡的吗？

» 智慧点拨：闭着眼睛睡呗！

念完哈佛大学需要多长时间？

» 智慧点拨：念完哈佛大学几个字只要两秒就可以了！

什么东西不能背？

» 智慧点拨：黑锅。

爸爸什么时候看起来像小孩子？

» 智慧点拨：他小时候当然像小孩子呀！

在旧金山生活的人，是不是可以埋葬在洛杉矶呢？

» 智慧点拨：活人是不能埋葬的！

有人说小波比的一举一动都离不开绳子，你知道这是为什么吗？

» 智慧点拨：因为他是个木偶。

什么人听到乐曲手就会不停地抖动？

» 智慧点拨：指挥演奏的人！

一天，一块三分熟的牛排在街上走着，突然它在前方看到一块五分熟的牛排，它们为什么没有打招呼呢？

» 智慧点拨：因为它们不熟。

丹尼尔有位非常熟悉的朋友，然而却从来没有见过面，这是怎么回事呢？

» 智慧点拨：他们都是盲人！

老师让班长检查，穿背心短裤的同学不得进入教室。班长高高兴兴地接受了任务，一会儿却哭丧着脸来向老师诉苦。他遇到了什么困难呢？

» 智慧点拨：班长对老师说："他们都不愿意把衣服脱了让我看！

向日葵会随着太阳而转动，请问阴天的时候它会向着哪里呢？

» 智慧点拨：当然是向着光头的人呀。

为什么托尼喜欢和自己的老婆和孩子一起打麻将？

» 智慧点拨：因为只有这样才能回收一部分薪水。

理查德要跳水了，可是为什么围观的群众愈来愈多，却没有人想救他？

» 智慧点拨：因为正在举行跳水比赛，他是参赛选手。

大兵布朗的祖母坐了一天的车去军营探望他，为什么长官一见到她却气得差点晕倒了呢？

» 智慧点拨：因为布朗昨天请了三天丧假，说他祖母过世了！

骑马的女骑警是怎么走路的？

» 智慧点拨：走马步呀！

什么情况下先穿鞋再穿袜子？

» 智慧点拨：踩到大钉子时（钉子先穿破鞋后，再穿破袜子）！

一个胖子和一个瘦子一起跳楼，谁先到达地面？

» 智慧点拨：当然是围观的群众呀！

师长要在最勇猛的第一班中挑敢死队员，就下令志愿者向前一步，大兵阿德原地不动，为什么还是光荣入选？

» 智慧点拨：因为其他人都向后退了一步！

盖尔上班时吃汤圆被经理看见了，经理生气地说："太闲了是不是？"你猜盖尔回了句什么话，把经理气得差点晕倒？

» 智慧点拨："不，它是甜的！"

什么蛋打不烂，煮不熟，更不能吃？

» 智慧点拨：考试得的零蛋。

你知道你爸爸的妹妹的堂弟的表哥的爸爸与你叔叔的儿子的嫂子是什么关系吗？

» 智慧点拨：亲戚关系呗。

女王说："原来有个弟弟胆子很小，一点受不了惊吓，有天夜里弟弟又做了噩梦，梦见敌国的武士冲入皇宫，将剑刺入他的心脏。弟弟受到这个惊吓，在梦中就死去了。"你相

信她说的话吗？

» 智慧点拨：不相信。因为弟弟在梦中被吓死，就不可能告诉她这个梦！

什么花最让人看不清？

» 智慧点拨：眼花呗！

什么蛋中看不中吃？

» 智慧点拨：漂亮的脸蛋。

丹尼尔养的鸽子在珍妮家下了一个蛋，你觉得这个蛋应属于谁的？

» 智慧点拨：鸽子的。

琼斯对爸爸说："家里有一个地方，只有我能坐下，你却无法坐下。"这是什么地方？

» 智慧点拨：爸爸的膝盖上。

妈妈为了让小斯练琴，就拿钱给他，你猜还有谁会给他钱？

» 智慧点拨：邻居，因为他一直在练琴，邻居们就别想睡！

怎么区分友情和爱情？

» 智慧点拨：友情出现在白天，爱情出现在晚上！

你知道最大的捐血中心是由谁负责吗？

» 智慧点拨：蚊子。

为什么结婚的人都要先拍结婚照？

» 智慧点拨：一拍即合嘛！

什么人不看书也能取得好成绩？

» 智慧点拨：运动员。

为什么说当作曲家不需要很高的智商？

» 智慧点拨：因为他们只要认识7个数字就可以了！

一个小孩想过一条两米宽的河，后来他在没有任何工具辅助的情况下过了河，他是怎么办到的呢？

» 智慧点拨：长大后跳过去就行了。

有一种声音就在你身边你却听不到，感觉远在天涯，这是什么声音？

» 智慧点拨：你打呼噜的声音！

为什么托马斯过13岁生日时却点了14根蜡烛？

» 智慧点拨：因为那晚停电，一根是用来照明的。

布朗的奶奶去门外买东西，离开门时，"咔嚓"一声响，你猜怎么回事啊？

» 智慧点拨：奶奶关门了。

一次宴会上，一对夫妇同客人共握手48次，那你知道这次宴会有多少人吗？

» 智慧点拨：26人。

你知道什么花最大吗？

» 智慧点拨：当然是烟花啊。

你知道谁是心肠最好的人，几乎没有一点儿坏心肠吗？

» 智慧点拨：身心健康的人。

你能有办法让梨变成珍珠吗？

» 智慧点拨：在梨（pear）后加"L"就变成珍珠（pearl）。

房间里很冷的时候，为什么可以站到墙角去？

» 智慧点拨：因为墙角有90度。

什么东西，有的人明明没有却从来不会承认？

» 智慧点拨：良心，你听过谁说自己没良心的吗？

贝克说他出生的那一年，无论哪个方向看都是一样，那你知道贝克是哪一年出生的吗？

» 智慧点拨：1961年。

莉莎把一只蚂蚁踩在了脚下，为什么蚂蚁却没有死？

» 智慧点拨：莉莎穿的是高跟鞋。

大家都知道剑客离不开宝剑，那你知道宝剑离不开什么吗？

» 智慧点拨：离不开剑鞘。

12

世界上出的名人最多的地方是——医院产房

🐷 强尼又不是老鼠，但为什么他每天晚上做梦都梦到猫要吃他？

» 智慧点拨：因为他白天在迪尼斯扮演米老鼠！

🐷 什么东西明明是你的，别人用得却比你多得多？

» 智慧点拨：你的名字呗！

🐷 百货公司遭了窃，警察立即封锁了所有出口，但为什么还让小偷溜走了？

» 智慧点拨：没封锁入口！

🐷 什么伤连医生都没办法治？

» 智慧点拨：伤脑筋。

🐷 为什么英国国王是女性？

» 智慧点拨：因为英国男人都是绅士，讲究女士优先！

同事们在戴维斯家喝酒、聊天，酒过三巡后，为什么大家都知道戴维斯喝醉了？

» 智慧点拨：因为戴维斯正在穿鞋子，准备回家！

有一个人丢了头毛驴却不去寻找，只是不停地喊"谢天谢地，谢天谢地……"这是为什么呢？

» 智慧点拨：他想：还好自己没有坐在上面，要不然连自己也丢了！

你问对方什么问题对方在回答时一定会告诉你"没有"？

» 智慧点拨：你睡着了吗？

有两辆汽车一直以完全相同的速度，分别行驶在两条笔直的紧紧相邻的道路上，但为什么没过多久B车竟然超过了A车呢？

» 智慧点拨：因为A车行驶的道路有下坡路段，使距离拉长。

黑鸡厉害还是白鸡厉害？为什么？

» 智慧点拨：黑鸡厉害，因为能下白蛋，而白鸡下不了黑蛋。

牛的舌头和尾巴在什么时候能遇在一起？

» 智慧点拨：在餐桌上。

你知道一个职业登山运动员什么山永远也上不去吗？

» 智慧点拨：刀山。

你所见到的最大影子是什么？

» 智慧点拨：地球的影子，即每天的晚上。

舒菲亚买了新音响，电源插了录音带也放了，但为什么没有声音呢？

» 智慧点拨：停电了呗！

布鲁斯是个近视眼，也是个出了名的馋小子，在他面前放一堆书，书后放一个苹果，你猜他会先看什么？

» 智慧点拨：什么也看不到。

"头大了！"表示什么意思？

» 智慧点拨：大头的孩子长大了！

世界上什么地方出的名人最多？

» 智慧点拨：医院的产房里！

一位先生从单身到结婚，再到有宝宝，给乞丐施舍的钱越来越少，乞丐为此很生气，你知道他的理由是什么吗？

» 智慧点拨：这不是拿乞丐的钱养活家人吗？

一富商死在了自家书房之中，虽然墙上有3个弹孔，但他的身上却没有外伤，你猜他是怎么死的？

» 智慧点拨：肯定是被吓死的。

一辆高速行驶的汽车在过一个90度的右转弯时，哪个轮子一定离开地面？

» 智慧点拨：备用轮胎。

哪一条腿无论如何都不会患关节炎？

» 智慧点拨：假肢呀！

为什么熊冬眠时会睡那么久？

» 智慧点拨：没有人敢叫它起床呀！

袋鼠和猴子比赛跳高，为什么猴子还没有开始跳，袋鼠就输了？

» 智慧点拨：袋鼠双脚起跳，违反了比赛规则！

什么笔能写出很粗的字，但体形却非常小？

» 智慧点拨：粉笔。

公共汽车上，两个人正在热烈地交谈，可为什么围观的人却一句话也听不到？

» 智慧点拨：这是一对聋哑人。

托马斯身高1.75米，为什么他参加完球赛后变成了1.78米？

» 智慧点拨：因为头顶上不小心被打个包。

奥斯丁经过某市时，正巧那里发生了大地震，为什么奥斯丁却安然无恙呢？

» 智慧点拨：因为她是坐飞机路过那里的。

麦当劳和肯德基谁比较大？

» 智慧点拨：肯德基，因为麦当劳是叔叔，肯德基是爷爷。

小杰克害怕狗，为什么今天却一反常态，一把抓来就开始吻它？

» 智慧点拨：因为他在吃热狗。

青蛙为什么能跳得比树高？

» 智慧点拨：因为树又不会跳！

水一见什么东西就紧皱眉头？

» 智慧点拨：风！

你知道什么东西你跑得越快越难追上吗？

» 智慧点拨：你的呼吸，因为你跑得越快，你就会 can not the breath（喘不上气，字面意思"赶不上呼吸"）。

地上掉了一张旧的10元和一张新的10元，你会捡哪张呢？

» 智慧点拨：两张都捡。

喝什么水有益于身体健康？

» 智慧点拨：井水（well water）。

小戴斯手里拿着火柴走到厨房，这有一个煤气灶和一个酒精灯，他如果想烧开水，你觉得他应该先点燃什么？

» 智慧点拨：先点燃火柴啊！

什么事人们都在做？

» 智慧点拨：变老。

在什么情况下人人都戴眼镜？

» 智慧点拨：看3D电影时。

大卫的爸爸说："爸爸跟儿子比起来，爸爸知道的东西实在很多。"但你知道为什么大卫不赞同爸爸的这种说法吗？

» 智慧点拨：因为大卫知道哪里的东西好吃，爸爸却不知道。

在不能用手的情况下，你能把字工工整整地写在纸上吗？

» 智慧点拨：能啊，用笔写不就行了嘛。

什么东西走在雪上没有脚印？

» 智慧点拨：影子。

发挥一下想象，怎么样才能把你的左手放入右边的裤兜里，同时又将右手放入左边的裤兜里呢？

» 智慧点拨：把裤子前后反穿不就行了。

什么日子可以偷天换日？

» 智慧点拨：星期天，可换成星期日！

理发师爱德华为什么每天在店里放恐怖片给顾客看？

» 智慧点拨：顾客被吓晕，或者是闭上眼睛便于理发！

什么东西最爱鞠躬？

» 智慧点拨：当然是不倒翁啊。

有个岛上有只小猪，正中央是棵椰子树，岛的旁边还有一座岛，小猪想过去，但又不太会游泳，你知道它该怎么过吗？

» 智慧点拨：它还在想。

你知道你爸小时候抱过你吗？

» 智慧点拨：当然没有啊，爸爸小时候还没有你呢。

王伟和他的家人长得都特别像，但为什么大家都说王伟不

是他们的小孩？

» 智慧点拨：因为他是爸爸。

在和敌人决战的时候，眼看着敌人马上就要冲过来了，可为什么托马斯却一直不开枪呢？

» 智慧点拨：因为他是炮兵，主要负责开炮。

如果在没有冰箱的情况下，怎样使羊肉长期地保持新鲜呢？

» 智慧点拨：把羊养着不杀就行了。

两个人住在一个胡同里，只隔几步路，他们同在一个工厂上班，但每天出门上班，为什么却总一个向左一个向右？

» 智慧点拨：因为他们住对门呀！

什么东西你无法离开它，而它也总是牢牢地吸引你？

» 智慧点拨：地球。

什么人最擅长弄虚作假？

» 智慧点拨：魔术师。

一百货公司里，有个秃头的推销员，正在促销生发水，你知道他为什么自己不用生发水吗？

» 智慧点拨：他想让大家知道秃头有多么难看。

超人走到电话亭前，为什么突然哭了起来？

» 智慧点拨：他严重发福进不去了。

黑人不必担心哪一件事？

» 智慧点拨：不用担心被晒黑！

美国国内哪个地方生产牛奶？

» 智慧点拨：奶牛的身上。

哥哥吹嘘自己有非凡的记忆力，可有一件事他常忘，你知道那是什么事吗？

» 智慧点拨：总忘还弟弟的钱。

什么书最吊人胃口？

» 智慧点拨：当然是菜谱呀！

喝什么东西可以让人变成鬼？

» 智慧点拨：酒。

13

人的记忆力最好的时候是——
别人欠你钱的时候

🐷 琳达的妈妈从来不生病，可为什么要天天找大夫？

» 智慧点拨：因为她妈妈是个护士。

🐷 从离水泥地面3米高的地方放下手中的鸡蛋，为什么鸡蛋没碎？

» 智慧点拨：小意思，左手放下，右手接着呗！

🐷 如果说儿童是国家未来的栋梁，那么儿童肚子里的蛔虫是什么呢？

» 智慧点拨：嘿嘿，当然是栋梁的蛀虫呀！

🐷 一条蜈蚣过了一个臭水沟后为什么有两条腿没湿？

» 智慧点拨：因为水沟太臭，两条腿在捂着鼻子呢！

🐷 哪种交通工具速度越慢越让人恐惧？

» 智慧点拨：正在飞行的飞机！

你知道大象身上最长的东西是什么吗？

» 智慧点拨：血管。

丈夫为什么要对擦掉桌子上灰尘的妻子发火？

» 智慧点拨：因为那里有丈夫留下的电话号码！

有一次，杰克在前面用手推车，姐姐在后面拉，但为什么推车还是向前进了？

» 智慧点拨：因为他们走的是下坡路。

什么亮在暗处是看不到的？

» 智慧点拨：漂亮。

什么东西自己不走却能翻山越岭？

» 智慧点拨：路呀！

人在什么时候的记忆力是最好的？

» 智慧点拨：当别人欠自己钱的时候。

为什么欧洲的时间比美洲的早？

» 智慧点拨：因为美洲是后来才发现的呀！

什么东西越晒越湿？

» 智慧点拨：冰。

动物园的大象死了，为什么管理员哭得那么伤心？

» 智慧点拨：因为他在担心，这么大体形什么时候才能挖好坑呀！

餐厅的牌子上写着："明天免费。"可为什么珍妮第二天

去还是交了钱?

» 智慧点拨：因为那牌子并没换。

用数字0和1组成一个比0大而比1小的数，你觉得应该加一个什么号呢?

» 智慧点拨：加一个小数点，变成0.1。

流氓坐什么车可以不要钱?

» 智慧点拨：坐囚车是不要钱的。

杰瑞叠了一只很漂亮的纸船，他想把船放在水里让它自由航行，但又不想船被浸坏了，你有什么办法吗?

» 智慧点拨：在船外面涂一层蜡就行了。

鲁卡做事总是拖泥带水，但上级部门总是表彰他，你知道这是为什么吗?

» 智慧点拨：因为他是泥瓦匠。

哪种人希望孩子越多越好?

» 智慧点拨：儿童用品制造商!

一年中你哪一天睡的时间最长?

» 智慧点拨：最后一天，因为它跨越到了第二年。

全世界的火车轨道有多少根?

» 智慧点拨：两根。

龟兔赛跑，请猪来当裁判，请问谁会赢呢?

» 智慧点拨：不能说!因为说的人是猪。

为什么鱼只生活在水里，而不生活在陆地上呢？

» 智慧点拨：因为陆地上有猫呀！

考试时，为什么汤姆前后5次看同桌的试卷？

» 智慧点拨：因为同桌的字写得太潦草了呗！

一个猎人带着猎狗在追一只狐狸，那么狐狸身上发出的臭味谁最先闻到？

» 智慧点拨：当然是狐狸自己了。

史密斯视力智力都正常，身体也都很健全，还会开车，但为什么就是考不上驾照？

» 智慧点拨：因为他是色盲，没办法识别红绿灯。

三个男同学排队上车，这三名男同学的前后各有一个女同学，你知道至少有几个同学吗？

» 智慧点拨：5个。

一个孩子掉进水坑里所有的孩子都笑了，但为什么只有弗兰克不笑？

» 智慧点拨：掉进水坑的就是弗兰克。

警察面对两名歹徒，但他只剩下一颗子弹，他对歹徒说，谁动就打谁，但为什么没动的反而挨了子弹？

» 智慧点拨：傻瓜，因为不动的比较好打呀！

我们都知道车子应该在右边行驶才对，可为什么约翰先生一直靠左行驶，警察不但没有阻止，反而对靠右边行驶的车

辆进行罚款？

» 智慧点拨：因为这是在靠左边行驶的国家。

富兰克林和亚当斯互相吹牛，富兰克林说他可以把整个世界吃下去，亚当斯说了什么就胜过了富兰克林？

» 智慧点拨：亚当斯说：那我就吃了你。

除了牙齿以外，还有什么东西让人无法自拔？

» 智慧点拨：爱情。

你知道为什么不能把书签夹在135和136页之间吗？

» 智慧点拨：因为这两页在一张纸的两面。

敲凳子会发出"咚咚"的声音，那凳子敲人会发出什么声呢？

» 智慧点拨：当然是人的惨叫声呀！

丹尼尔每个月的薪水不多，可为什么天天能一掷千金？

» 智慧点拨：因为他是银行的运钞员。

电话声一直在响，为什么格林和哥哥都不去接呢？

» 智慧点拨：因为那是电视里的电话声。

为什么结婚戒指象征着永恒？

» 智慧点拨：因为它没头没尾呗！

考试最怕碰到什么情况？

» 智慧点拨：扭头看别人卷子时头转不回来了。

为什么有的猫从来都没见过老鼠？
» 智慧点拨：瞎猫怎么看！

有位先生买鞋明明付清了钱，可为什么没能走出那家店？
» 智慧点拨：因为他是坐着轮椅出店的。

什么书必须买两本才行呢？
» 智慧点拨：结婚证书。

雨停了，为什么有个人在大街上脱衣服也没人管？
» 智慧点拨：因为他脱的是雨衣。

什么东西没有嘴却能大声呼叫？
» 智慧点拨：风。

鱼的老家不在水里，那会在哪里呢？
» 智慧点拨：在锅里呀。

下雨天，为什么总是先看到闪电后听到雷声？
» 智慧点拨：因为人的眼睛长在耳朵前面呀！

要形容女孩子好看，说什么话最能让她高兴？
» 智慧点拨：谎话。

穿奇装异服的人最让谁头疼？
» 智慧点拨：裁缝。

什么东西每天要走的距离最远？
» 智慧点拨：地球。

为什么一只青蛙在水里游不过一只狗？

» 智慧点拨：比赛规则是不许用蛙泳，青蛙用蛙泳犯规了！

凯文为什么一进社区办公室就把手中的一捆布往地上一扔？

» 智慧点拨：因为他拿的是拖布。

一个凶猛的劫匪上了车，为什么突然变得老实了？

» 智慧点拨：因为他上的是警车。

瓜地里的稻草人最会做的是什么？

» 慧点拨：装模作样。

丹尼尔在看书的时候，发现里边有一种字特别多，你知道是什么字吗？

» 智慧点拨：当然是文字呀！

为什么总说巨轮上海员的手是湿的？

» 智慧点拨：因为他们都是水手呀！

离婚的主要起因是什么？

» 智慧点拨：结婚。

一个孩子去商店要买两斤葡萄干，但为什么店主坚持只给他一斤半？

» 智慧点拨：店主摸摸孩子的口袋就知道了！

积木倒了要重搭，房子倒了要怎样？

» 智慧点拨：房子倒了最要紧的是逃命啊。

布兰克先生犯了一个大错误，当他在太太面前掏口袋的一刹那，一些袋内的酒吧火柴盒、未中奖的马票，以及旧情人的照片等都散落一地。他在慌张之余，为了避免吵架，双手马上遮起一件东西，你觉得他会去遮住什么东西呢？

» 智慧点拨：去遮住太太的眼睛。

瑞达说如果自己嫁给面包师一定会幸福，你知道这是为什么吗？

» 智慧点拨：因为她认为这样面包和爱情就都有了。

14

金鱼看上去老是傻乎乎的是因为——它脑袋里进水了

什么东西的牙每天都在发生变化？

» 智慧点拨：月牙。

将军怎么照顾近视眼的士兵呢？

» 智慧点拨：打仗时让士兵冲在最前面。

很多买新钢琴的人家，为什么都喜欢在钢琴上摆一座贝多芬的石膏像？

» 智慧点拨：因为贝多芬是聋子，弹得太差他也听不到呀！

为什么金鱼看上去老是傻乎乎的？

» 智慧点拨：因为它脑袋里进水了呗！

一个人，为什么他感觉地球在转动？

» 智慧点拨：因为他喝醉酒了呗！

谁总是脱掉干衣服换上湿衣服呢？

» 智慧点拨：晾衣架。

为使兔子挽回面子，乌龟安排了第二次比赛，尽管这次兔子尽力奔跑，但还是输了，你知道这是为什么吗？

» 智慧点拨：因为乌龟把比赛的终点定在了水里。

医生问病人："感冒了？"病人摇头；"肚子疼？"病人摇头；"神经痛？"病人还是摇头。那他究竟得了什么病？

» 智慧点拨：摇头不停的病。

除了火车，世界上还有什么车最长？

» 智慧点拨：堵车。

电梯坏了，罗杰和吉姆的家都住16楼，罗杰爬楼梯累坏了，为什么吉姆却很轻松？

» 智慧点拨：吉姆没有外出呀！

睡美人最怕得什么病？

» 智慧点拨：失眠。

哈里斯有一月为什么突然吃得少了？

» 智慧点拨：因为是2月呀！

三岁的丹尼尔为什么说二比三大？

» 智慧点拨：因为二哥比三哥大呀！

什么东西在远处看是小灯笼，贴近看却是大窟窿？

» 智慧点拨：破灯笼呗！

🐷 小亮的爸爸驾车带着全家出去旅游，为什么明明轮子动了很长时间，却一直没向前走呢？

» 智慧点拨：倒车呢。

🐷 一家超市失火，为什么很多人围观却没有一个人报警？

» 智慧点拨：因为是消防演习。

🐷 哪些女人从来不洗头发，也从来不用梳子？

» 智慧点拨：剃了光头的女人！

🐷 汤姆吃了不卫生的东西肚子疼，但医生为什么给他开眼药？

» 智慧点拨：让汤姆看清楚下次该吃什么。

🐷 口吃的人做什么最吃亏？

» 智慧点拨：打国际长途电话。

🐷 有一条异常凶猛的眼镜蛇，但为什么它从来都不咬人？

» 智慧点拨：它一辈子都住在没人的森林里。

🐷 有一只长毛狗掉进了河里，一只短毛狗把它救上来，请问：长毛狗上岸后第一句话说什么？

» 智慧点拨："汪——汪——"

🐷 人们最常说的是哪三个字？

» 智慧点拨：不知道。

🐷 希尔顿在写字，明明写得不好看，但为什么所有人都说好看呢？

» 智慧点拨：因为他写的是"好看"俩字。

一次宴会上，乔治和威廉特别激动，说着说着竟然动起拳头来了，但为什么旁边的亲人和朋友并没有劝阻，还都微笑着喊加油？

» 智慧点拨：因为他们在划拳。

中学老师遇到什么最头疼？

» 智慧点拨：感冒。

格林去参加讲笑话比赛，为什么一路上他一直用冰块敷嘴巴？

» 智慧点拨：因为他怕笑话到时不新鲜了。

动物园里，吉姆紧挨老虎合影，但为什么老虎没有咬他？

» 智慧点拨：那是只假老虎。

妈妈答应威尔士，只要考试及格，就奖励他10元钱，但妈妈总是失望，威尔士应该怎么跟妈妈说呢？

» 智慧点拨：说自己是为了给妈妈省钱。

为什么天总下雨？

» 智慧点拨：因为地球也要洗澡呀！

今天下午去看电影，但为什么到了之后连半个人都没有？

» 智慧点拨：因为人本来就没有半个的。

什么帽不能戴？

» 智慧点拨：当然是螺丝帽呀！

什么东西能托起一根橡木，却容不下一粒沙子？

» 智慧点拨：水呀！

啄木鸟靠什么啄虫子？

» 智慧点拨：靠树呗！

为什么上课铃响了，教室里却没有一个同学呢？

» 智慧点拨：因为这节是体育课，同学们都去操场了。

什么时候消费者会心甘情愿任人宰割？

» 智慧点拨：生病上了手术台的时候。

格林回家，为什么她一推门就勉强笑了笑？

» 智慧点拨：进错门了呗！

如果减肥不成功，有什么办法让自己显瘦呢？

» 智慧点拨：想办法让周围的人胖起来。

有一个人很有权威，叫你坐下就得坐下，叫你低头就得低头，你猜他是谁？

» 智慧点拨：理发师。

今天做事最省力的办法是什么？

» 智慧点拨：推到明天做呗！

一个不识字的人捂住识字的人的耳朵，让他读自己老婆的来信。他为什么要这样做呢？

» 智慧点拨：因为他怕识字的人听到自己老婆说什么。

大灰狼拖走了羊妈妈，为什么小羊也一声不吭地跟着走了？

» 智慧点拨：因为小羊还在羊妈妈的肚子里！

一头小猪卖200元，为什么两头小猪却可以卖几万元？

» 智慧点拨：因为长了两个头的小猪实在罕见。

一个士兵向连长请假回家，连长说"不行"，但为什么第二天士兵还是回家了呢？

» 智慧点拨：因为他听成"步行"了。

有两瓶花，一瓶是纸花，一瓶是鲜花，你有办法分辨出哪瓶是鲜花吗？

» 智慧点拨：闻一下就知道了。

飞机从华盛顿到纽约要用一个小时，而为什么从纽约到华盛顿却用了两个半小时？

» 智慧点拨：两个半小时加起来不就是一个小时嘛！

什么人靠别人的脑袋生活？

» 智慧点拨：理发师呗！

约翰擦桌子，为什么擦了半天还是觉得脏？

» 智慧点拨：因为他戴的老花镜是脏的。

直升机在海拔1000米的空中盘旋，为什么一个人从直升

机上跳了下来却没有受伤？

» 智慧点拨：那人跳落的地方海拔是999米。

🐷 胖子从12楼掉下来会变什么？

» 智慧点拨：死胖子呀。

🐷 夏天刘易斯吹电扇，为什么还满头大汗？

» 智慧点拨：他在吹电扇，电扇没吹他。

🐷 一个爱说话的人和一个安静的人在一起，你知道谁最有钱吗？

» 智慧点拨：后者，因为沉默是金。

🐷 爱丽丝上课必须戴眼镜才能看清黑板，一天她去上学，走到教室才想起来忘记戴眼镜了，你觉得她现在最大的愿望是什么吗？

» 智慧点拨：眼镜落在教室里了。

🐷 小鸡和小鸭去找小鹿玩，它们要走过一片麦田再游过一条小河，你觉得它们能找到小鹿吗？

» 智慧点拨：不能。因为小鸡不会游泳。

🐷 哪天是离婚最好的日子？

» 智慧点拨：1月23日（自由日）。

🐷 你能用蓝笔写出红字吗？

» 智慧点拨：能啊！写个"红"字不就好了。

早上睡过头了，结果发现是因为闹钟没响时，你会怎么办呢？

» 智慧点拨：赶紧起床咯！

黑手党为什么喜欢戴白手套？

» 智慧点拨：因为手太黑了呀！

在赛车比赛中，有辆车撞上大树车子完全撞烂，为什么开车者却毫发无伤？

» 智慧点拨：那是遥控车比赛。

斑马向熊猫多次求婚，你知道为什么熊猫就是不答应吗？

» 智慧点拨：因为他觉得斑马身上有文身，她不喜欢。

15

街上那么多的人都是来自——各自的家里

什么车可以不受交通规则的限制？

» 智慧点拨：碰碰车。

一个通缉犯到美容院请美容师给他整容，但为什么整容后一出门就被警察给抓住了？

» 智慧点拨：因为他被整成了另一个通缉犯！

什么东西一旦和别人分享就失去它的意义，只有自己拥有才是最好的？

» 智慧点拨：秘密。

街上那么多的人都是从哪来的？

» 智慧点拨：各自的家中啊！

一名船长驾驶的一艘一百万吨的油轮在大海上沉没了，你

猜什么东西最先浮出水面？

» 智慧点拨：空气。

在美国如果有人想从事政治，除了英语还要哪种语言是必须会的？

» 智慧点拨：肢体语言。

为什么企鹅的肚子是白色的而背是黑色的呢？

» 智慧点拨：因为企鹅的手太短，够不着背后没法洗。

往一个篮子里放鸡蛋，假定篮子里鸡蛋的数目每分钟增加一倍，这样5分钟后篮子就满了。那么请问在什么时候是半篮子鸡蛋呢？

» 智慧点拨：4分钟。

人身上什么器官最大？

» 智慧点拨：胆，因为胆大包天嘛。

亨利去医院做检查，结果医生告诉他说要看开一点，请问他得了什么病？

» 智慧点拨：斗鸡眼。

猫和猪最大的区别在于？

» 智慧点拨：一个是宠物，一个是食物。

为什么老太太会嫌一幅果盘静物画太贵？

» 智慧点拨：因为果盘里的水果画的太少了。

盘子里有8个包子，8个小朋友每人拿走1个，为什么最后盘子里还有1个？

» 智慧点拨：因为最后一个小朋友是把盘子也一块儿拿走了。

超人和蝙蝠侠最大的区别是什么？

» 智慧点拨：一个内裤穿里面，一个内裤穿外面。

什么人最喜欢日光浴？

» 智慧点拨：植物人（光合作用）。

你能辨认出蚊子的公和母吗？

» 智慧点拨：能，停在酒杯上的是公的，停在镜子前的就是母的。

皮球里是空气，那救生圈里是什么？

» 智慧点拨：当然是人呀！

什么人的心整天七上八下的？

» 智慧点拨：心律不齐的人。

大富翁快要死了，却担心不成器的儿子坐吃山空，他该怎么办才好呢？

» 智慧点拨：规定他们以后都站着吃。

怎样可以凭自身力量一下跳出几十米，并平稳着地？

» 智慧点拨：高山跳雪就行了。

在一个月黑风高的夜晚，杰克遇见一个鬼，为什么杰克显得很镇定而那个鬼却落荒而逃？

» 智慧点拨：那个鬼是一个胆小鬼。

渔网是怎么做出来的?

» 智慧点拨：用绳子把许许多多的洞拴在一起。

什么陆地不能让人类和动物居住?

» 智慧点拨：地球仪上的。

有一样东西，左看像电灯，右看也像电灯，和电灯完全一样，但它就是不会亮，那这是什么东西呢?

» 智慧点拨：坏掉的电灯。

一名经理不会做饭，可有一道菜特别拿手，你猜是什么?

» 智慧点拨：炒鱿鱼。

有三个人一起下田，但为什么总是有一个人举着手站那不动?

» 智慧点拨：因为那是稻草人。

汤姆工作时一直闭着眼睛，从不睁开，你能猜出来他究竟是做什么工作的吗?

» 智慧点拨：假装盲人乞讨。

为什么一到秋天大雁就要飞到南方去?

» 智慧点拨：如果它要走到南方，冬天早过去了。

在做游戏时，你是司令，你手下有2个军长，5个团长，10个排长和20个士兵，那你知道他们的司令几岁了吗?

» 智慧点拨：你几岁就是几岁。

老师拿出来一包糖，准备分给小朋友们吃，如果一人分一块便多出来一块，一人分两块又少一块，那你觉得至少有几个小朋友几块糖？

» 智慧点拨：三个小朋友四块糖。

有什么方法证明时光在飞逝？

» 智慧点拨：把表抛出。

爱德华医生医术高明，远近皆知，可为什么没有一个人来他的医院看病？

» 智慧点拨：因为他是兽医。

蛋要怎么买，才不会买到里面已经有了小鸡的蛋？

» 智慧点拨：买鸭蛋不就行了。

伊凡为什么不愿向给他糖果的叔叔道谢？

» 智慧点拨：因为叔叔上次已经说过不用谢了。

小彼得为什么老是捂着一只耳朵听老师讲课？

» 智慧点拨：因为他担心老师的话从一只耳朵进去，又从另一只耳朵出来了。

一只小鸟飞进了迪斯科舞厅，为什么突然就掉下来了？

» 智慧点拨：音量太大使小鸟用翅膀捂住耳朵，所以就掉了下来。

杰克把一个鸡蛋扔到4米远的地方，为什么鸡蛋没有碎呢？

» 智慧点拨：因为在4米的地方鸡蛋还没落地。

一位顾客对饭馆服务员说："您的大拇指都泡在我的汤里了。"你猜服务员怎么回答？

» 智慧点拨：没关系，这不烫。

哪一种人最容易走极端？

» 智慧点拨：爱斯基摩人（他们住在北极）。

化妆品可以使女人的脸变得美丽好看，可是会使哪些人的脸变得难看？

» 智慧点拨：付钱的男人。

维嘉从来不刷牙，但为什么他也从来不牙疼？

» 智慧点拨：维嘉只有6个月，他还没有牙。

《阿里巴巴和四十大盗》的故事是出自《东方夜谭》还是出自《西方夜谭》？

» 智慧点拨：都不是，是《天方夜谭》。

有对几乎一模一样的双胞胎兄弟，但即使这对双胞胎穿着相同的服饰，仍然有人可立刻知道谁是哥哥，谁是弟弟。这样的人究竟是谁呢？

» 智慧点拨：他们自己呗！

什么官没工资，还得自己掏腰包？

» 智慧点拨：新郎官呗！

二战期间，在某个国家发现了一颗世界最大的土豆，你猜

它是长在哪里的?

» 智慧点拨：当然是地里呀！

什么时候我们会甘心熄灭自己的生命之火?

» 智慧点拨：在切生日蛋糕之前。

威廉姆斯骑在爸爸身上装灯泡，为什么要让爸爸原地打转呢?

» 智慧点拨：因为这是螺口灯，需要旋转才能装上。

爱德华到16层楼去谈生意，但为什么他只乘电梯到14层楼，然后再步行爬楼梯上去?

» 智慧点拨：爱德华个子太矮，按不到16楼的电梯按键。

卡曼在考试中全部答对，为什么却没有得满分?

» 智慧点拨：因为考的是是非题。

20世纪最出风头的超级巨星是哪一位?

» 智慧点拨：海尔波普彗星，千年才见一次呀！

英国出生过什么大人物吗?

» 智慧点拨：怎么可能有，出生的全是婴儿！

班长告诉菜鸟，当拉开手榴弹的保险之后，口中先数5秒再投掷出去，菜鸟一切都按班长的指示去做，但为什么还是被炸死了?

» 智慧点拨：因为这位菜鸟有口吃的毛病。

你知道鱼缸里的鱼在什么情况下会有4只眼睛吗?

» 智慧点拨: 当鱼缸里有2条鱼的时候。

有一个和你长得一模一样的人,你知道他在哪里吗?

» 智慧点拨: 当然是在镜子里呀!

用什么拖地最干净?

» 智慧点拨: 用力呀!

如果你的朋友是个赛车选手,不慎在比赛中撞断腿,你该怎么安慰他?

» 智慧点拨: 希望你下次比赛不要半途而废了!

什么话必须和别人一起说才行?

» 智慧点拨: 电话。

世界上最大的井是什么?

» 智慧点拨: 天井。

人能活多久呢?

» 智慧点拨: 能活到死的时候!

一场大雨,忙着栽种的农民纷纷躲避,为什么仍有一个人不走?

» 智慧点拨: 那是个稻草人。

16

盲人走夜路打着手电筒是因为——要防止别人撞到他

森林里有一条眼镜蛇，可是它从来不咬人，你知道为什么吗？

» 智慧点拨：因为森林里没人呗。

从1写到100000，你会用多少时间？

» 智慧点拨：最多6秒，1，100000！

大象的左耳最像什么？

» 智慧点拨：像右耳呗！

能把一百捆干草载起来却不能将一粒沙子拖起来，日夜在奔跑却从来没有离开自己的卧床，这是什么东西呢？

» 智慧点拨：河流。

希尔德第一次考试得了"0"分，为什么还很得意？

» 智慧点拨：老师说过一切要从"0"开始。

玛丽家有3个儿子，这3个儿子各有1个姐姐妹妹，那你知道玛丽家有几个孩子吗？

» 智慧点拨：5个。

用什么方法可以让人类以后再也不喝水？

» 智慧点拨：把水改个名字。

模样相同的哥俩同时应征入伍，他们有血缘关系且出生日期及父母的名字完全相同。连长问他俩是不是双胞胎，为什么他们却说不是？

» 智慧点拨：他们是三胞胎中的两个。

为什么大灰狼历尽艰险进了羊圈，却没有吃羊呢？

» 智慧点拨：因为羊圈里根本就没有羊啊。

你知道什么东西虽然没有嘴巴，却有锋利的牙齿吗？

» 智慧点拨：锯子。

你知道什么柱子最怕热吗？

» 智慧点拨：冰柱。

房间里漆黑一片什么都看不到，那为什么威廉却能看清窗外的东西吗？

» 智慧点拨：窗子是透明的，窗外不是黑暗的就可以看到。

凯特上班的办公室在20层，有一天停电了，他爬到19楼为什么丝毫都不觉得累呢？

» 智慧点拨：因为他是从20层到19层，当然不会累啊。

春天到来时，小河融化了水流特别急，但你知道为什么亚瑟没有被冲走吗？

» 智慧点拨：因为亚瑟在河岸上啊！

珍妮和丹妮尔的家相距只有16米，她俩从窗户里探出头就可以听到彼此说话的声音，但你知道为什么珍妮到丹妮尔家却要用十几分钟吗？

» 智慧点拨：因为她们两家住在不同的楼里，且都住在很高的楼层。

公车中，一位站着的孕妇对她身旁坐着的男子说："你不知道我怀孕了吗？"只见男子显得非常紧张，他急于要解释什么。他究竟要解释什么呢？

» 智慧点拨：他很着急地说："那孩子不是我的！"

奶奶告诉凯特，世界上有一件东西人们很不想买，却总是在不经意间不得不买，你知道奶奶说的是什么东西吗？

» 智慧点拨：教训。

一个长跑冠军，一个地理学家，一个统计学家在沙漠里迷了路，你猜谁活下来的概率大？

» 智慧点拨：统计学家，因为统计水分最多。

什么球的身上会长毛？

» 智慧点拨：羽毛球。

辛迪右手的小指受伤了，那你觉得他应该用哪只手写字？

» 智慧点拨：右手，因为小指不影响写字。

为什么北极熊总是怀疑自己不是北极熊呢？

» 智慧点拨：因为他总觉得冷。

有一块天然的黑色大理石，在7月4日这一天，把它扔到亚马孙河里你猜会发生什么现象呢？

» 智慧点拨：沉到河底。

试题很难，班里的学习委员都没有回答对几道题，可平时最不用功的汤姆为什么还写对了一处？

» 智慧点拨：因为他写对了自己的名字。

一个人从天文馆出来后，为什么说他看到了地球在转动？

» 智慧点拨：他看到的是地球仪。

从前没有钟，有人养了一群鸡，可是天亮时，没有一只鸡给他报晓。这是为什么？

» 智慧点拨：因为他养了一群母鸡呗。

珍妮为小白跳舞，她跳得很糟糕，但你知道为什么小白还是不停地说"妙"吗？

» 智慧点拨：小白是只猫。

有一个盲人走夜路，你知道为什么他还打着手电筒吗？

» 智慧点拨：防止别人撞到他。

什么贵重的东西最容易不翼而飞？

» 智慧点拨：人造卫星。

你知道乘什么船能到达最远的地方吗？

» 智慧点拨：宇宙飞船。

哪种诗最浪费油？

» 智慧点拨：打油诗。

保罗一天要刮四五十次脸，脸上却仍有胡子。你知道这是什么原因吗？

» 智慧点拨：因为保罗是个理发师，刮的是别人的脸。

有什么事比亲眼看着好朋友上电椅更痛苦？

» 智慧点拨：他临死还握着你的手。

什么东西皮包骨头？

» 智慧点拨：伞。

小约翰的功课一直在班上是第一，为什么这次却降到了第三呢？

» 智慧点拨：因为有两个人的分数超过了他。

骑马比赛规定，哪匹马走得最慢，哪匹马就是胜利者。每场比赛的两个人为了成为最后的胜利者都停滞不前。如果你是决策者，为了保证比赛公平而且赛出结果，你会怎么做呢？

» 智慧点拨：可以让两个赛手的马交换，这样两个赛手都能使自己骑着的对方的马快点，把比慢变成比快，这样很快就结束了比赛。

如果有一天小猫不爱吃鱼了，你觉得最有可能的原因是什么？

» 智慧点拨：因为它怕再吃到鱼刺。

某个神秘的人给迪克一个锦囊，告诉他赚到一笔钱的时候打开。迪克在发工资的那天打开了锦囊，不由感叹一句"说得真准。"你知道锦囊里写着什么？

» 智慧点拨：那上面说"你今天会有一笔钱进账。"

踩到狗屎就很倒霉了，但还有比这更倒霉的，你知道是什么吗？

» 智慧点拨：踩到地雷呀！

没完成作业，你该怎么办呢？

» 智慧点拨：问老师啊，作业是老师留的。

什么东西能使我们的眼睛透过一堵墙？

» 智慧点拨：窗户。

在平衡的跷跷板两边各放一个重量相等的西瓜和冰块，如果就这样放着，最后你知道跷跷板会朝哪个方向倾斜吗？

» 智慧点拨：还水平，冰化了西瓜滚下去了。

鸡每天下一个蛋，农夫就在蛋上写上日期，但为什么一个月后他还是不知道每个蛋是什么时候下的？

» 智慧点拨：因为他没写日期，全部都写了"今天"。

什么老鼠不怕猫？

» 智慧点拨：鼠标。

有一家电影院，正在放映一部喜剧冒险爆笑片，男主角的动作很滑稽，可为什么电影院内的观众反而愈看愈伤心？

» 智慧点拨：因为扮演这位男主角的人刚过世。

你知道老师和牧师的不同点是什么吗？

» 智慧点拨：老师讲的东西我们能听懂，牧师讲的东西我们听不懂。

有一个人想要过河但是水又很急，这里只有一把梯子和木头，但梯子还差10米，木头只有5米，你知道他要怎样才能过河吗？

» 智慧点拨：走桥不就行了。

老詹姆斯养了一只狗，并且从来不帮狗洗澡，为什么狗不会生跳蚤呢？

» 智慧点拨：因为狗只会生小狗。

一个人午后在太阳下走，为什么却看不见自己的影子？

» 智慧点拨：盲人。

树上有3只鸟，一位猎人用枪打死了1只，问剩下的2只做什么？

» 智慧点拨：做目击证人。

给病人动手术时，外科医生除了手术所需的全部器械外，还有什么东西他也需要？

» 智慧点拨：他还需要小心。

什么人是人们说时很崇拜，但却不想见到？

» 智慧点拨：上帝。

世界力气最大的头是什么？

» 智慧点拨：当然是火车头呀！

不孕症妇女的孩子，会不会遗传她的不孕症呢？

» 智慧点拨：不孕症妇女根本就生不出孩子呀！

一个婚姻破碎的男人，桌子放着一把刀，请问他要做什么？

» 智慧点拨：要学着自己做菜了呗！

什么人喜欢每天都下雨？

» 智慧点拨：雨伞制造商。

除了司机以外，还有谁可以每天搭公车而不必给钱？

» 智慧点拨：售票员呀！

怀特买了8条金鱼放在鱼缸里，为什么10分钟后金鱼全死了？

» 智慧点拨：因为鱼缸里没有水！

17

经常写白字，却不会招来非议的人是——老师，他们经常在黑板上用白粉笔写字

🐷 三个苹果吃掉一个为什么还剩三个？

» 智慧点拨：两个在外边一个在肚子里。

🐷 人身上什么东西左右各有一片？

» 智慧点拨：耳朵啊！

🐷 地球上什么地方温度最高？

» 智慧点拨：地球的中心呀！

🐷 你知道哪种狗是绝对不会看守门院的吗？

» 智慧点拨：热狗。

🐷 在什么情况下，你被人打了也一点不觉得疼？

» 智慧点拨：做梦的时候。

相同内容的书，为什么丹尼肯要同时买两本呢？

» 智慧点拨：另一本送人啊！

老师对我们说上课睡觉不好，你知道为什么吗？

» 智慧点拨：因为床上睡才香。

什么东西没脚就能走天下！

» 智慧点拨：船。

丽娜是个杂技演员，你觉得她走什么路线的时候比走钢丝
要安全得多？

» 智慧点拨：斑马线。

有一天迪克肚子疼，医生说他肚子里有蛔虫，他为什么马
上跑回家了？

» 智慧点拨：要用杀虫剂灭虫啊！

如果明天就是世界末日，你首先会干什么？

» 智慧点拨：先把钱都藏起来。

什么人经常写白字，却不会招来非议？

» 智慧点拨：老师，因为他们经常在黑板上用白粉笔写字。

什么东西出生就不敢洗澡，并且一辈子都不敢洗澡？

» 智慧点拨：泥人。

到图书馆还书之前应该做什么？

» 智慧点拨：先去图书馆借书。

离你最近的地方是哪儿?

» 智慧点拨：脚下。

你知道为什么魔鬼和天使组合是一件非常恐怖的事情吗?

» 智慧点拨：魔鬼的脸蛋，天使的身材。

猴子会说话你相信吗?

» 智慧点拨：相信，猴子是一个人的外号。

爸爸问迪克："迪克，当你碰到眼镜蛇时该怎么办?"你猜迪克是怎么回答的?

» 智慧点拨："先打破它的眼镜然后跑。"

迪克的爸爸在看书，这时有客人来了，客人问迪克，他爸爸在干什么，为什么迪克的回答让客人很尴尬?

» 智慧点拨："我爸爸在看黄书（黄色封面的书）。"

你知道什么票有的时候值钱，有的时候不值钱吗?

» 智慧点拨：股票。

9个橙子分给13个小朋友，你知道怎么分才公平吗?

» 智慧点拨：榨橙汁就好了。

你知道哪种水果没吃之前是绿色的，吃下的是红色的，吐出来的却是黑的?

» 智慧点拨：西瓜。

一个人有一天遇到一只老虎，请问他为什么没被咬死？

» 智慧点拨：因为他早被吓死了。

你知道厨师学到的什么会让他们后悔吗？

» 智慧点拨：增肥的方法。

小螃蟹在一个狭窄的过道里碰到了小猪，为什么小猪怎样走路都无法让开螃蟹？

» 智慧点拨：因为螃蟹是横着走路的。

四个9加起来怎样才能等于100？

» 智慧点拨：$99 + 9 \div 9 = 100$。

怎么样才能让男人不再拈花惹草？

» 智慧点拨：不让他们去花园就行了。

有什么办法可以让时间停止？

» 智慧点拨：把手表扔了不就停了。

什么东西有两个脑袋六条腿，一根尾巴七双手，还会边走边叫？

» 智慧点拨：这是个怪物呗。

搭什么车最省油？

» 智慧点拨：便车。

凯奇开着车子，为什么却始终到不了目的地？

» 智慧点拨：因为他开的是公园里的环形车。

北极有一只企鹅迷路了，请问要怎样回家呢？

» 智慧点拨：一路往南就可以了。

夏天蚊子很多，你知道最快减少蚊子的方法是什么吗？

» 智慧点拨：找个人和你待在一起。

为什么妻子可以容忍丈夫和别人的妻子单独住在一个屋檐下？

» 智慧点拨：因为那个女人是他们的女儿。

婴儿到世界上看见的第一个人是谁？

» 智慧点拨：接生他的人。

世界上哪种人最怕从一数到十呢？

» 智慧点拨：被打倒的拳手。

买一双高级女皮鞋要214元5角6分钱，请问买一只要多少钱？

» 智慧点拨：一只不卖。

小猪和小猫在聊天，为什么小猫说它喜欢在白天睡觉？

» 智慧点拨：因为它是一只夜猫子。

用椰子和西瓜打头，你觉得哪一个比较疼？

» 智慧点拨：当然是头比较疼。

上尉的老婆跟他说梦到自己变成上校夫人，上尉很高兴，但为什么没多久上尉却独自喝起闷酒来？

» 智慧点拨：他老婆改嫁给了一位上校。

本杰明迟到被老师发现了，你知道他现在最想干什么吗？

» 智慧点拨：最想把自己手表的表针拨回去。

你知道什么光完全没有角度吗？

» 智慧点拨：时光。

一位女士蹚水过河，走着走着为什么突然觉得水变深了？

» 智慧点拨：因为她的鞋掉了。

乔尔在偷偷地看一本书，妈妈看了后不生气，反而吓了一跳，为什么？

» 智慧点拨：因为她在看恐怖小说。

琳娜的作品为什么总是能登报？

» 智慧点拨：因为她负责的是报纸的版面设计。

美丽为何一天到晚不停地吐舌头？

» 智慧点拨：因为它是狗呀！

什么东西白天会感觉特别充实，但到了夜晚就会很空虚？

» 智慧点拨：鞋子。

在厕所里遇到朋友，最好不要问哪句话呢？

» 智慧点拨：吃了没有。

🐷 每个人一生中说的第一个字是什么？

» 智慧点拨："哇"。

🐷 为什么养长颈鹿最不花钱？

» 智慧点拨：因为他们的脖子长，一点点食物都要走很长的路才能到肚里！

🐷 为什么迪哥开军车，遇见交叉道从不停车？

» 智慧点拨：他以前是开火车的。

🐷 珍妮和妈妈在同一个班里上课，你觉得这可能吗？

» 智慧点拨：可能，她妈妈是老师。

🐷 沙漠中最常见的东西是什么？

» 智慧点拨：当然是沙子。

🐷 当你一个人去一个地方时，你看什么会比较专注？

» 智慧点拨：当然是路啦。

🐷 什么试卷永远不会有人考一百分？

» 智慧点拨：考卷满分不是一百分的。

🐷 你知道黑人和白人生下的婴儿牙齿是什么颜色的吗？

» 智慧点拨：婴儿是没有牙齿的。

🐷 希尔是个足球守门员，他除了守门外，还必须守什么？

» 智慧点拨：守法。

甲乙两位仇人以喝毒酒决定生死，为什么乙选了没毒的酒却死了？

» 智慧点拨：被甲打死了。

一个人在沙滩上行走，回头为什么看不见自己的脚印？

» 智慧点拨：倒着走就看不见啦！

18

天天受气的东西是——锅盖

🐷 银河系中很多星星都要借助天文望远镜才能看得清楚，但是有一颗星星却不用，你知道是哪颗星吗？

» 智慧点拨：地球呀！

🐷 老师提出了一个问题，除了凯奇大家都不知道，你知道老师问的是什么吗？

» 智慧点拨："凯奇，刚才你梦到了什么？"

🐷 你能否用3根筷子搭起一个比3大比4小的数？

» 智慧点拨：能，圆周率 π。

🐷 什么东西满屋走，但又找不着实物？

» 智慧点拨：声音呀！

瑞莎问杰克："你知道世界上什么篮是漏的，但却是有用的吗？"

» 智慧点拨：篮球的篮。

什么东西天天受气？

» 智慧点拨：锅盖。

有个吝啬的地主，想找个既不用提供食宿，又不用给报酬的工人来给他的地松土，你说他能找到吗？

» 智慧点拨：能，找蚯蚓就行。

乌鸦想喝水，他一直往瓶子里丢石子，为什么到最后它仍然没喝到水？

» 智慧点拨：因为瓶子里没有水。

汤姆知道试卷的答案，为什么还总是看别人的？

» 智慧点拨：因为他是老师。

一只羊碰到一只老虎，非但不怕，而且还把那只老虎给吃了，这是怎么回事？

» 智慧点拨：那是只纸老虎。

什么东西在小河里散步，在池塘里睡觉？

» 智慧点拨：水。

结婚才5个月，妻子就生下了一个白白胖胖的男孩。丈夫怀疑地问："这孩子来得是否太早了点？"妻子回答："他来得不早。主要是……"丈夫听了妻子的话，觉得很有道

理。妻子是怎么说的呢？

» 智慧点拨：妻子说："是我们结婚有些晚了点。"

什么东西近在眼前，你却看不到？

» 智慧点拨：眼睫毛啊！

每对夫妻在生活中最少都有一个共同点，你知道那个共同点是什么吗？

» 智慧点拨：他们都是同年同月同日结婚的。

屡遭拒绝的布朗又喜欢上一个女生，向她表白。可女生说："你再这样我就去死。"但为什么布朗竟然很感动？

» 智慧点拨：因为布朗觉得她竟然会为了他去死。

不是导游，却可以免费旅游的是什么人？

» 智慧点拨：还没出生的孩子。

促膝而谈，猜一个物理理论。

» 智慧点拨：相对论。

什么东西不能吃？

» 智慧点拨："东西"方向就不能吃。

富兰克林在雷雨中放风筝时说了什么？

» 智慧点拨：什么也没有说，因为当时他被电麻了。

燕妮站在路中央，一辆时速90千米的汽车疾驰而过，她为什么却未被撞死？

» 智慧点拨：因为燕妮站在天桥上。

🐷 戒烟为什么要戒两次呢？

» 智慧点拨：戒了右手还要戒左手。

🐷 有5只小蚂蚁，为什么每只小蚂蚁都说它身后还有1只小蚂蚁？

» 智慧点拨：有只小蚂蚁在说谎呀！

🐷 你知道太平洋和大西洋的中间有什么吗？

» 智慧点拨：当然是海水啊！

🐷 什么东西能让士兵心甘情愿地倒下呢？

» 智慧点拨：当然是床。

🐷 为什么贝兰妮弹钢琴时，手把钢琴弄脏了却没看出来？

» 智慧点拨：因为她弹的这首曲子只弹黑键。

🐷 你觉得体长分别为5厘米和7厘米的蜈蚣比赛赛跑，哪只会赢呢？

» 智慧点拨：当然是跑得快的那只会赢啊！

🐷 对于眼睛你知道哪种写作方式是最舒服的吗？

» 智慧点拨：从左向右写。

🐷 "我不减肥"的同义词是什么？

» 智慧点拨：自己保重。

🐷 你知道什么事必须无中生有吗？

» 智慧点拨：发明。

🐷 两对母女织手套，每个人都织了一副，为什么会有三副？

» 智慧点拨：因为这对母女是外婆，妈妈和女儿。

🐷 爸爸问丹尼，什么东西浑身都是漂亮的羽毛，每天早晨叫你起床？丹尼猜对了，但却不是鸡，你知道是什么吗？

» 智慧点拨：是鸡毛掸子。

🐷 查莫斯被爸爸修理了，他跑去找妈妈诉苦："妈妈，有人打你儿子你会怎样？"妈妈说了一句安慰儿子的话，查莫斯听了却转身就跑。请问查莫斯的妈妈说了什么？

» 智慧点拨：妈妈说："我会打他的儿子替你报仇。"

🐷 约瑟夫课下抄作业，为什么妈妈不管他？

» 智慧点拨：因为妈妈不知道。

🐷 约翰逊家养着一些大小相同的小鸡，有红色和黄色两种，为什么几天下来，他发现红色小鸡吃的饲料比黄色小鸡多一倍？

» 智慧点拨：因为红小鸡的数量是黄小鸡的两倍嘛。

🐷 明明在下雪，为什么小汤姆说地上没有雪呢？

» 智慧点拨：因为他说的是屋里的地上。

🐷 人们什么时候会有两张嘴？

» 智慧点拨：当有两个人的时候。

格尔天天步步高升，可为什么他老婆还说他没有上进心呢？

» 智慧点拨：因为他坐电梯上班。

妈妈从超市给约翰买了一盒饼干，可为什么约翰拿起一块饼干就随手把它分成大小相同的两块？

» 智慧点拨：因为那是夹心饼干。

你觉得一个人从2楼跳下来和从20楼跳下来有什么不同呢？

» 智慧点拨：从2楼跳下来你先听到"咚"然后听到"啊"，从20楼跳下来你先是听到"啊"，再听到"咚"的一声。

为什么瓦莎妮刚刚6岁就组建了家庭？

» 智慧点拨：她在玩过家家游戏啊。

有一个人说自己什么动物的叫声都能学，可有一种动物的叫声他是无论如何也学不来的，你知道这是什么动物吗？

» 智慧点拨：长颈鹿，因为长颈鹿不会叫。

左边有一栋别墅，一楼是客厅，二楼当中，小海睡主卧，乔尔睡次卧，乐乐住阁楼，那你能猜出来谁是这房子的主人吗？

» 智慧点拨：是左边的，因为都说了左边有一栋别墅了。

做完手术后，你最担心看到什么样的医生？

» 智慧点拨：没有拿手术刀的医生，因为他很有可能把刀留你肚子里了。

按照现在的发展速度，你知道哪一天世界上的人口最多吗？

» 智慧点拨：复活节那天啊。

一个奋力疾驰的非洲羚羊和一只非洲狮子比起来谁跑得快？

» 智慧点拨：羚羊跑得快，因为如果它跑得慢的话就会被狮子吃掉。

吉姆斯家墙上的那只蜗牛为什么会摔下来呢？

» 智慧点拨：因为它睡着了。

丹尼不小心把裤脚刮破了，你能在不进行修补的情况下让这条裤子依旧完好吗？

» 智慧点拨：把裤脚剪掉，变成短裤。

杰克很喜欢红色的衬衣，但你知道为什么他去商店却买了一件绿色的吗？

» 智慧点拨：因为他是色盲。

爸爸发现小迷糊把课本落在家里了，就立即朝相反方向去追小迷糊，可去学校就只有这一条路，你知道爸爸为什么这么做吗？

» 智慧点拨：爸爸要先去屋里找自行车，然后再去追小迷糊。

你知道世界上哪个地方就是几个月不吃不喝也不会被饿死吗？

» 智慧点拨：在妈妈的肚子里。

约翰驾车在路上行驶时，为什么看到女朋友和他的同事艾利手拉着手也没生气？

» 智慧点拨：艾利也是个女孩子呀。

钟表店里有两个表，一个表一天有两次时间准确，另一个表每小时都不准确，但为什么人们只买第二个呢？

» 智慧点拨：因为第一个表是不会动的。

什么样的官不能发号施令，还得老向别人赔笑？

» 智慧点拨：新郎官呀！

为什么一名警察见了小偷拔腿就跑？

» 智慧点拨：追小偷呀！

为什么现在的鸭子越来越少了呢？

» 智慧点拨：因为丑小鸭都变成白天鹅了。

树上站了8只鸟，开枪打死了1只，还剩几只鸟？

» 智慧点拨：只剩1只死鸟，其他的都飞走了。

19

参加考试前，除了要记得带考试用具外，还要记得——按时起床

🐷 艾米从事美容工作已经很多年了，为什么连个眼影都画不好？

» 智慧点拨：因为她一直是给汽车做美容的。

🐷 什么路美女无论如何也不敢走？

» 智慧点拨：绝路。

🐷 什么钱你到哪里都花不出去？

» 智慧点拨：假钱。

🐷 妈妈让爱丽丝去买醋，叮嘱她要等车过去了再过马路，但爱丽丝去了很久为什么还是空手回来了？

» 智慧点拨：因为路上一直有车经过，小花一直都没有过马路。

🐷 一个伟大的人和一只伟大的狮子同一天出生，这两者有什

么关系呢？

» 智慧点拨：没关系。

参加考试前，除了要记得带考试用具外，还要记得的是什么？

» 智慧点拨：记得按时起床呀！

胖女士："我最讨厌自动报体重的电子秤！"旁人问："为什么？是不是因为它会大声报出你的体重？"胖女士愤怒地说："不是的！"那么，胖女士究竟为什么那么生气呢？

» 智慧点拨：因为每次那个电子秤都会说："一次只限一人。"

一个醉汉晚上在公路中间行走，看到后面有车过来，他正好处于两车灯之间，车子呼啸而过，为什么他却毫发无损？

» 智慧点拨：后面来的是两辆摩托车。

哪个英文字母是动物？

» 智慧点拨：字母B（bee蜜蜂）。

戴上什么东西会天地变色？

» 智慧点拨：墨镜。

长胡子的山羊是母羊还是公羊？

» 智慧点拨：谁知道，山羊无论公母都长胡子。

什么被人称为"唱"，却从来没有唱过？

» 智慧点拨：选举时的唱票。

有两个人同时来到了河边，都想过河，但却只有一条小船，而且小船只能载1个人，你觉得他们能否都过河？

» 智慧点拨：能，因为他们分别在河的两边。

你知道哪一个月有28天吗？

» 智慧点拨：每个月都有。

为什么五个医生要一起拔一颗牙？

» 智慧点拨：因为要拔的是大象的牙。

为什么弟弟认为姐姐应该先起床呢？

» 智慧点拨：因为女士优先呀！

妈妈买了草莓，打算给哥哥和弟弟一人50个，最后把草莓分完了，但是弟弟还哭着说为什么不给他吃，你知道这是为什么吗？

» 智慧点拨：因为他们是双胞胎，哥哥每次都说他是弟弟，所以弟弟一个草莓也没吃到。

你知道什么门永远关不上吗？

» 智慧点拨：球门。

艾丽莎捉到一只小鸟，她把小鸟放在桌子上，小鸟为什么没有飞？

» 智慧点拨：因为鸟已经死了。

毛利的学校要体检，但是毛利很瘦，你能帮帮他吗？

» 智慧点拨：打肿脸充胖子不就行了！

约翰跑得最慢，为什么还是第二名？

» 智慧点拨：因为只有两个人赛跑呀。

悲剧和喜剧有什么联系？

» 智慧点拨：喜剧没人看，就成悲剧了。

斯蒂文赴宴："真好，我坐在乳猪的旁边。"话刚出口，他突然发现身旁一位胖女士怒目相视，便急忙赔着笑解释。不料，他一解释，对方更生气了。斯蒂文是怎么解释的呢？

» 智慧点拨：我指的是烤熟的那只。

安德森的肚子明明已经胀得受不了了，为什么他还要不停地猛喝水呢？

» 智慧点拨：因为他在河里或者泳池里呛水了。

你知道什么花一年四季都盛开吗？

» 智慧点拨：塑料花。

太阳在白天发光，那月亮呢？

» 智慧点拨：月亮根本不会发光。

你知道什么嘴里没有舌头吗？

» 智慧点拨：茶壶嘴。

你知道为什么艾伦会认为牛顿很傻吗？

» 智慧点拨：如果是艾伦的话，他不会等在苹果树下，他会直接爬树去摘苹果。

🐷 你觉得哑巴给人的第一印象是什么？

» 智慧点拨：深沉。

🐷 治疗脚臭的最快办法是什么？

» 智慧点拨：穿鞋。

🐷 有两个人，一个面朝南站立着，一个面朝北站立着，不准回头，不准走动，不准照镜子，问他们能否看到对方的脸？

» 智慧点拨：面对面站着就能看到了！

🐷 不到一岁的威廉没有任何不寻常和值得报道的地方。然而，今天早晨他却上了报纸，这是为什么？

» 智慧点拨：他在玩的时候爬到了报纸上面。

🐷 有只小猫穿过沙漠去找朋友，发现了一条鱼，但为什么还是饿死了？

» 智慧点拨：因为那是块鱼化石。

🐷 盖楼要从第几层开始盖呢？

» 智慧点拨：当然是从地基开始的呀！

🐷 母亲节那天，你如果不想让母亲洗碗，又不想自己动手的话，你该怎么办呢？

» 智慧点拨：跟她说，"妈妈，留着明天洗吧"。

🐷 什么东西只有一只脚却能跑遍屋子的所有角落？

» 智慧点拨：扫帚。

小乌鸦和乌鸦爸爸争论谁比较黑，但是不分胜负，他们让乌鸦妈妈说，这时她说了句话，二人就摸摸鼻子走了，你知道乌鸦妈妈说了一句什么话吗？

» 慧点拨："天下乌鸦一般黑！"

一辆客车发生了事故，所有的人都受伤了，为什么丹尼却没事？

» 智慧点拨：因为他不在车上呀！

玛莎没学过算术，老师为什么却夸她的数学是数一数二的？

» 智慧点拨：她从一数到二。

一只青蛙正在游泳，突然打雷，为什么青蛙就沉到了江底？

» 智慧点拨：青蛙怕打雷，用脚去捂耳朵了。

你知道什么情况下可引发考场上最大的悲剧？

» 慧点拨：做到最后一题时，上面写着，以上题目只作为参考，只做本题即可。

为什么狮子吃生肉？

» 智慧点拨：因为狮子不会烹饪啊。

鱼与熊掌要怎么样才能兼得？

» 智慧点拨：养只会抓鱼的熊就行啦！

你知道为什么兔子长了一身的长毛吗？

» 智慧点拨：因为它买不起貂皮呀！

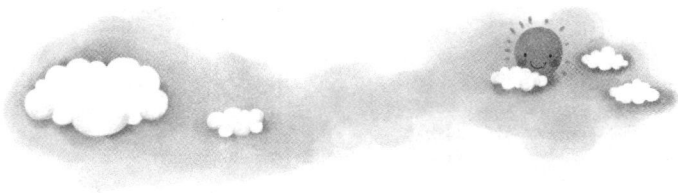

红豆和绿豆放在一个碟子里，希尔顿为什么一下就把它们分开了？

» 智慧点拨：因为红豆和绿豆一样只有一颗啊！

什么地方能出生入死？

» 智慧点拨：医院。

有一种活动能够准确无误地告诉你，美女不是天生的，而是被七嘴八舌说出来的。你知道这是什么活动吗？

» 智慧点拨：选美比赛啊！

"好马不吃回头草"最合乎逻辑的解释是什么？

» 智慧点拨：后面的草都被吃光了呗！

小猪和小乌龟玩跷跷板，为什么最后只剩小猪在那里哭？

» 智慧点拨：因为他一压，小乌龟就被弹飞了。

老大和老幺之间隔着三兄弟，虽是同年同月同日生，但为什么一点也不像？

» 智慧点拨：因为他们是手指头。

有两根香蕉走在大街上，其中一只香蕉觉得走得很热，就把衣服脱了，为什么等它到了目的地，却发现只有它自己了？

» 智慧点拨：另外那根香蕉被同伴的衣服滑到，还正在努力爬起来呢！

如果有一个人从高楼上跳下还活着，那么他现在有什么变化？

» 智慧点拨：他变成了超人。

你知道什么黑家伙是由光造成的呢？

» 智慧点拨：影子。

杰克买了一双鞋子，从来没穿过，但为什么提着鞋子到处走呢？

» 智慧点拨：他说鞋子穿久了会坏。

你知道为什么超人总是在天上飞吗？

» 智慧点拨：因为地上堵车太严重了，不飞没办法。

有一座长10米的木桥，最大载重量是3吨。现有一辆2吨重的卡车，载了一根长30米、重3吨的铁链，要通过这座木桥。如不能将铁链分开，有什么简单可行的方法可使卡车安全通过？

» 智慧点拨：只要让卡车拖着铁链过桥就可以保证安全。

牧师无论如何都不能主持的仪式是什么呢？

» 智慧点拨：他自己的葬礼。

20

把不可能的事变成可能的事最快的方法是——把"不"字去掉

哪项比赛是往后跑的？

» 智慧点拨：拔河。

你知道什么车寸步难行吗？

» 智慧点拨：风车。

希尔顿天生力气大，一次打羽毛球由于力气过大，球打出后5分钟才落地，可能吗？

» 智慧点拨：可能，球被打到树上挂住了一会儿后落下，总共用了5分钟。

把不可能的事变成可能的事最快的方法是什么？

» 智慧点拨：将"不"字去掉。

丽莎拿了100元去买一个75元的东西，但为什么老板只找

给他5块钱？

» 智慧点拨：因为他只给了老板80块钱。

牛顿通过苹果发现了万有引力，亚当通过苹果会发现什么？

» 智慧点拨：苹果很甜。

为什么农夫养了10头牛，却只有19只角？

» 智慧点拨：因为有一头是犀牛。

考试时应注意什么？

» 智慧点拨：应该注意监考老师呀！

丹东尼喜欢运动，有一天他在38摄氏度高温大太阳下做很激烈的运动，为什么也居然不会流汗？

» 智慧点拨：因为他在水里游泳！

好马为什么不喜欢吃回头草？

» 智慧点拨：拐着脖子吃哪有直着脖子吃舒服！

亚当买了一瓶雪碧，打开盖子时一点气泡也没有，他以此为理由要求退换，但营业员却不给换，你知道营业员的理由是什么吗？

» 智慧点拨：因为他一喝气就从肚子里冒出来了。

天气越来越冷，为什么乔尔不多加衣服，反而要脱衣服？

» 智慧点拨：因为他准备要洗澡了。

商家的广告："无论哪个女人寄来一元钱，都会收到如何使自己双手又白又嫩的秘诀。"数以万计的人真的寄去钱后，却得到非常简便而管用的答案。商家提供的秘诀是什么呢？

» 智慧点拨：让你的丈夫去洗碗。

8岁的小妮莎在百货公司和妈妈走散了，你猜她到服务台说了什么话，竟引起大家哈哈大笑？

» 智慧点拨：我妈妈迷路了，赶快帮我找回来。

不小心溺水时，如果附近没有其他人，这时该怎么办呢？

» 智慧点拨：把水喝光。

26个英文字母，如果ET走后剩多少个？

» 智慧点拨：21个 ，因为ET是外星人，他还开走了UFO。

所有打工的朋友都下海了，可罗斯福为什么不下呢？

» 智慧点拨：因为他怕被淹死。

你觉得粮油店里卖盐是怎么回事呢？

» 智慧点拨：多管闲（咸）事。

丹尼尔斯每天洗十几次头，可为什么头发却并不干净？

» 智慧点拨：丹尼尔斯是个理发师，理发前要给客人洗头。

什么宫殿好进不好出？

» 智慧点拨：迷宫。

查尔文斯去爬一座海拔1000米的大山，为什么他只爬了

200米就到了山顶？

» 智慧点拨：因为他是从800米处开始爬的。

布兰克在河里游泳，看到不远处有一条鱼游了过来，布兰克为什么赶紧游上岸迅速跑开了？

» 智慧点拨：因为过来的是一只鳄鱼。

一家面店写着"一个人吃3碗不要钱"的标语来吸引顾客，可为什么刘阿姨吃了3碗还是付了钱呢？

» 智慧点拨：因为她怀孕了，加上肚子里的孩子一共是两个人。

有一个男子找到律师说他要离婚，希望律师能够帮助他，但为什么律师说很难办？

» 智慧点拨：因为离婚是两个人的事情。

查理丢了100块钱，杰克理直气壮地说不是他偷的，你知道这是为什么吗？

» 智慧点拨：因为查理是故事书上的人。

费舍尔是个打字员，你知道他每天下班关掉电脑离开办公室要做的第一件事是什么吗？

» 智慧点拨：站起来呗。

你猜安东尼每天用得最多的字是什么字？

» 智慧点拨：文字。

在同一个屋子里，一个男的穿着冬装，一个女的穿着夏装，你知道这是怎么回事儿吗？

农夫很喜欢他的奶牛，每天给它茶喝，那你猜从奶牛身上挤出来的是什么？

» 智慧点拨：当然是奶茶啊！

老教授为什么说助教亚娜讲课像是斑马的脑袋呢？

» 智慧点拨：教授是在夸奖亚娜讲得头头是道。

3个孩子吃3个饼要用3分钟，100个孩子吃100个饼要用多少时间？

» 智慧点拨：3分钟。

你知道阿尔卑斯山脉是从哪里开始的吗？

» 智慧点拨：是从"阿"开始的。

请问你脚下踩的是什么？

» 智慧点拨：鞋袜。

一辆车总共能乘20个人，现在坐了19位乘客，可司机为什么不让上了呢？

» 智慧点拨：因为加上司机刚好20个人。

被切去一半的西红柿跟什么最像呢？

» 智慧点拨：当然是它的另一半。

你有什么办法在不弄破豆沙包外皮的情况下，能吃到里面的豆馅吗？

» 智慧点拨：直接把豆沙包吞下去不就行了。

你知道莎士比亚的四大悲剧《哈姆雷特》《奥赛罗》《李尔王》《麦克白》中，都有的是什么东西吗？

» 智慧点拨：文字。

提着两袋盐过独木桥的时候，你觉得同时还应该提着什么吗？

» 智慧点拨：当然是提起精神啊！

刘易斯用一根鱼竿同时钓上来两条鱼，你知道这是怎么回事儿吗？

» 智慧点拨：因为他用了两个鱼钩。

珍妮的头发上粘到了脏东西，刚好又停水了，你能帮帮珍妮把她头发上的脏东西弄掉吗？

» 智慧点拨：把沾到脏东西的头发剪掉。

假如你手里拿着一把弓，在森林里看到了一只老虎和一只狐狸，你会先射哪个呢？

» 智慧点拨：当然是先射离自己最近的。

桌子上放着一封信，琼斯刚拿到手里就被妈妈夺过去了，可他却说信里的内容他已经知道了，你觉得琼斯说得是真的吗？

» 智慧点拨：是真的，因为那封信就是琼斯自己写的，还没来得及

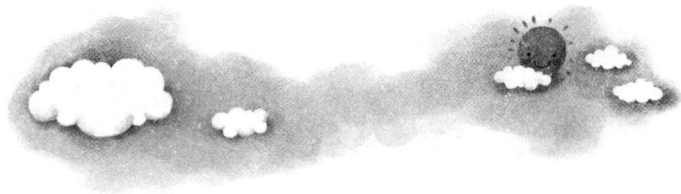

寄出去。

有一个字，人人见了都会念错，你知道这是什么字吗？

» 智慧点拨：这是"错"字。

为什么人吃不到葡萄就说葡萄酸？

» 智慧点拨：我吃不到大家也都不要吃。

你知道什么乐器不用花钱就能自学吗？

» 智慧点拨：吹口哨。

一个挖好的长6米、宽7米、高8米的坑里有多少土？

» 智慧点拨：已经挖好，所以没有土了！

你知道什么东西倒立后会增加一半吗？

» 智慧点拨：数字6。

老师让同学们解释光明的意思，这时该怎样做才能最到位呢？

» 智慧点拨：把教室里的灯打开。

1头牛一年吃3公顷的牧草，现有面积30公顷的牧场养了5头牛，请问需要多久才能全部吃完？

» 智慧点拨：草会不停地长的，它们一辈子也吃不完。

为什么一架纸飞机，刚好造价一万美元？

» 智慧点拨：因为那是用一张一万美元的支票折的。

为什么丽莎不喜欢字母C？

» 智慧点拨：因为C让胖（fat）变成事实（fact）。

阿伦请戴莎妮签名，为什么戴莎妮说什么都不答应？

» 智慧点拨：因为阿伦请她签在身份证的配偶栏里！

有只小北极熊早上醒来后一直追问熊妈妈，他是不是一只小北极熊，他妈妈回答："你当然是北极熊。"可是他为什么还是不相信？

» 智慧点拨：因为他觉得很冷。

快7点的时候，亚当把家里所有的蜡烛都点亮了，爸爸很奇怪，你知道亚当是怎么解释的吗？

» 智慧点拨：亚当说动画片就要开始了。

月黑风高的晚上，传来一阵又一阵的狗吠声，外面却突然响起"咚咚咚"的敲门声，你猜会是谁呢？

» 智慧点拨：不管是谁，劝你还是别开门为好。

亚瑟和爸爸妈妈去美国，他不会英语但为什么一点也不担心？

» 智慧点拨：因为他还是个婴儿。

从飞机上掉下的东西打着了人，为什么人却没有受伤？

» 智慧点拨：跳伞的人被自己的伞打了。

21

一头牛加一捆草等于什么——还是一头牛

🐷 杰克应该把游艇开到红海去，但为什么却到了黑海？

» 智慧点拨：因为他是色盲。

🐷 螃蟹和乌龟在撒哈拉大沙漠上赛跑，你猜到最后谁赢了？

» 智慧点拨：乌龟，因为沙漠太热，螃蟹早就被烤熟了。

🐷 什么药你不用上药店去买就能吃到？

» 智慧点拨：后悔药。

🐷 你知道谁被牵着走还能活蹦乱跳吗？

» 智慧点拨：耍把戏的猴子。

🐷 儿子很有音乐天分，父亲买了一把吉他送给他。儿子天天抱着吉他边弹边唱，可是父亲却很不高兴，不久便把吉他收回来，另外送给儿子一个口琴，你知道这是为什么吗？

» 智慧点拨：儿子虽然有音乐天分，但唱歌的声音实在太难听了。

当你起床时，是先穿上衣还是裤子？

» 智慧点拨：先坐起来比较好。

泰勒进入屋内为什么不随手关门？

» 智慧点拨：因为那是自动门。

亚当家里有一只非常可爱的小猫，为什么突然有一天不见了呢？

» 智慧点拨：小猫被缠在毛线里了。

在非洲，有一个食人族，你知道食人族的酋长吃什么吗？

» 智慧点拨：吃人呗。

你知道什么豆子永远都不会发芽吗？

» 智慧点拨：炒熟的豆子。

什么东西你越是生气它就越大？

» 智慧点拨：脾气。

怎样用手让一个不会上升的气球到达最高处？

» 智慧点拨：把气放掉，然后把气球使劲向上扔，就可以了。

一岁的宝宝在冬天吃香蕉为什么吃到一半就哭起来了？

» 智慧点拨：因为冬天他穿的太厚，够不着下面的了。

莫里斯是个出了名的仿冒名牌大王，为什么他却能逍遥法外而又名利双收呢？

» 智慧点拨：他专门在电视上模仿别人的动作和声音。

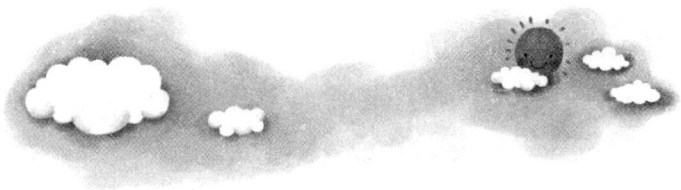

有一种饭你可以发现里面有生的有熟的还有半生不熟的，你知道是什么饭吗？

» 智慧点拨：夹生饭呗。

什么地方很轻松就可以爬上去，却很难下得来？

» 智慧点拨：床上。

格林对泰尔讲，他昨天刚出差到纽约，晚上给家里打电话时妻子问他是不是把家里信箱钥匙带走了，他一找果然是的。今天他赶紧把钥匙放在信封里寄了回去。泰尔一听骂格林是笨蛋。你说这是为什么？

» 智慧点拨：因为钥匙被投到信箱里了还是拿不到呀！

你知道人在什么时候最喜欢背水一战吗？

» 智慧点拨：参加仰泳比赛的时候。

刘易斯对于找寻失物非常厉害，再细微的东西丢失了，他都可以找得出来。但是有一次他丢了一件东西却不能一下子就找出来，你猜他到底丢了什么东西？

» 智慧点拨：他丢的是隐形眼镜。

有一种写作赚钱快，但是风险很高，你知道是什么吗？

» 智慧点拨：写勒索信。

什么时候机器人的系统会出现混乱？

» 智慧点拨：口是心非的时候。

哈佛学生最喜欢的
脑筋急转弯

🐷 一头牛加一捆草等于什么?

» 智慧点拨: 还是一头牛呗!

🐷 你知道时钟什么时候不会走吗?

» 智慧点拨: 时钟本来就不会走啊!

🐷 大卫跑步为什么总是保持一个姿势不变?

» 智慧点拨: 他在照片中!

🐷 汤姆说他可以咬到耳朵,你相信吗?

» 智慧点拨: 相信,他咬的不是自己的耳朵。

🐷 什么地方盛产安哥拉兔毛?

» 智慧点拨: 安哥拉兔身上呗!

🐷 炎热的夏天,又有谁会裹着皮袄呢?

» 智慧点拨: 模特儿。

🐷 在什么情况下,你的手和嘴巴会动个不停?

» 智慧点拨: 不会游泳却跳入水中的时候。

🐷 马克在机场办出境手续时,才想起忘了拿护照,他怎样才能在最短的时间里拿到护照呢?

» 智慧点拨: 打开皮包就可以了。

🐷 电车时速80千米,向北行驶。有时速20千米的东风,请问电车的烟,朝哪个方向吹呢?

» 智慧点拨: 电车是没有烟的。

你知道什么人最以身作则吗？

» 智慧点拨：裁缝。

为什么一瓶标明剧毒的药对人却无害？

» 智慧点拨：只要你不去喝它就没事啊！

为什么跟阿莫斯在一起，亚当斯常常看到有乌鸦从头顶飞过？

» 智慧点拨：因为阿莫斯爱说冷笑话。

如果让你把9匹马平均放到10个马圈里，并让每个马圈的数目都相等，你有办法吗？

» 智慧点拨：把9匹马放到1个马圈里，再在这个马圈的外面套上9个环，这样每个马圈里就都有9匹马啦。

谁经常买鞋自己不穿却给别人穿？

» 智慧点拨：卖鞋的人。

考试做选择题，小草都选D，为什么一个都没对，得了零分呢？

» 智慧点拨：因为答案只有三个选项啊。

世界上最危险的票是什么票？

» 智慧点拨：绑票。

亚当拿着一份卷子，上面的分数是59，但他为什么一点也不担心？

» 智慧点拨：那是别人的试卷。

哈佛学生最喜欢的
脑筋急转弯

尼尔在一场激烈的枪战后，身中数弹血流如注，为什么他仍能精神百倍地回家吃饭？

» 智慧点拨：他在拍戏。

当一把刀砍在鲨鱼身上时，鲨鱼会变成什么？

» 智慧点拨：受伤的鲨鱼。

为什么保罗第一次见布朗就非常肯定地说布朗是喝羊奶长大的？

» 智慧点拨：因为布朗是一头羊。

人早晨醒来第一件事是干什么？

» 智慧点拨：睁眼。

保罗说他能轻而易举跨过一棵参天大树，你知道他是怎么跨过的吗？

» 智慧点拨：那是一棵被伐倒的树。

鸭子的嘴巴是怎么长出来的呢？

» 智慧点拨：鸭子出生时就有了呀。

人身上，哪个部分所有的人颜色完全相同？

» 智慧点拨：血液。

你知道谁最希望自己跌进XO（顶级的白兰地）里面吗？

» 智慧点拨：当然是酒鬼啊！

什么东西拥有很多牙齿，却只能咬住人的头发？

» 智慧点拨：发夹。

维尔斯买一张奖票，中了一等奖，为什么去领奖却不给呢？

» 智慧点拨：还没到领奖的日期。

3个人3天用3桶水，那9个人9天用几桶呢？

» 智慧点拨：27桶。

身份证明时，你不能造假的是什么？

» 智慧点拨：性别。

如果有一天酒鬼的胃停止了工作，你认为医生会诊断出什么？

» 智慧点拨：胃酸了。

为什么布鲁克在大街上捡了一个钱包而不上交？

» 智慧点拨：因为钱包是他自己的。

人能登上珠穆朗玛峰顶，有一个地方的顶却永远登不上去，你知道那是什么地方吗？

» 智慧点拨：自己的头顶。

一只瞎了左眼的山羊，在它左边有一块牛肉，在他的右边有一块猪肉，你觉得它会吃哪一块？

» 智慧点拨：都不吃，它不是肉食动物。

一根木头重5吨，从上游运到下游，需载重为多少的船？

» 智慧点拨：不用船，把木头放在水里就可以从上游运到下游了。

哈佛学生最喜欢的
脑筋急转弯

给你一本杂志和一个火柴盒，你能有办法让杂志只要1/3放在桌边而不掉下来吗？

» 智慧点拨：把杂志在1/3处掀开，让页数的1/3搭在桌面放在桌子边沿就行了。

艾思丽结婚后，为什么宁愿睡地板也不肯跟丈夫睡水床？

» 智慧点拨：她有晕船的毛病。

青春痘长在哪里，你不会担心？

» 智慧点拨：长在别人脸上。

渔网在什么时候可以提水？

» 智慧点拨：当水变成冰时，用渔网当然可以提了。

保罗坐在桌前读书，为什么不开台灯？

» 智慧点拨：大白天开什么灯呀！

22

你每天早晚都尝却从来不吃的东西是——牙膏

彼得被蚊子咬了一大一小两个包，你觉得那个比较大的包是公蚊子咬的还是母蚊子咬的？

» 智慧点拨：公蚊子不咬人。

有一只蜗牛爬一堵60米的墙，如果它白天爬上5米，晚上却滑下3米，那你算算它爬到墙顶需要多少天？

» 智慧点拨：29天，因为它最后一天爬到墙顶，就不会往下滑了。

在什么情况下应该手下留情？

» 智慧点拨：当别人在打你的时候。

你有办法证明一根绳子长是1米吗？

» 智慧点拨：用尺子量一下不就知道了。

人类是由猴子演变而来的，人要穿两只鞋子，那你知道猴子要穿几只鞋子吗?

» 智慧点拨:猴子是不穿鞋子的。

安东尼刚一出生就受了一刀伤,但为什么他却不去看医生?

» 智慧点拨:因为他受的刀伤是出生时剪了脐带。

爱吃零食的奥尼尔体重最重时有70千克,但为什么最轻的时候才3千克?

» 智慧点拨:因为那是他刚出生的时候。

杰克最喜欢吃中国的烤鸭了,可是为什么说他没见过鸭子呢?

» 智慧点拨:因为他是一位盲人。

卡洛斯上班时间在打游戏,为什么老板没有责怪他?

» 智慧点拨:因为他们是制作游戏软件的公司。

把一个50克的砝码和一个30克的砝码放在天平的两端,为什么天平还能保持平衡?

» 智慧点拨:因为天平坏了。

你能想到一种打电话不花钱的方法吗?

» 智慧点拨:击打电话,但别打坏。

什么东西你天天都尝却从来不吃呢?

» 智慧点拨:牙膏。

加西亚跟爸爸一起去打兔子，但是连射了三次都没有打中，你猜最后兔子会被哪个打死呢？

» 智慧点拨：猎枪子弹。

马丁和同事一起搭乘交通工具时，马丁是唯一撑到最后的人，一路上同事们都夸马丁勇敢。可后来，马丁却被知道这件事的人嘲笑，这是为什么呢？

» 智慧点拨：马丁他们乘坐的是跳伞专用的飞机，大家中途都跳下去了，就马丁一个人不敢跳，又坐着回来了。

你知道负2在罗马数字中是怎么表示的吗？

» 智慧点拨：罗马数字中没有负数。

图书馆失火了，你只能带出去一本书，你会选择哪本呢？

» 智慧点拨：离门口最近的那本了。

丹妮尔说她昨晚同时睡了两个觉，你知道这是为什么吗？

» 智慧点拨：她做梦梦到睡觉。

为什么弟弟蹲马步一点也不觉得累？

» 智慧点拨：因为他在相片里。

秋高气爽的时候，地球在做什么？

» 智慧点拨：地球当然在晒太阳呀。

你知道什么路最危险吗？

» 智慧点拨：绝路。

泰勒是学校书法写得最好的学生，但为什么他却没获奖呢？

» 智慧点拨：因为他没去参加比赛啊！

你知道一辆满载乘客的客车在下斜坡的时候会先放低什么吗？

» 智慧点拨：放低速度。

同一天印出来的，面值也相同的纸币，你知道它们哪里不一样吗？

» 智慧点拨：号码不一样。

为什么一名非常勇敢的消防队员一到火灾现场撒腿就跑呢？

» 智慧点拨：因为他急着去灭火呀！

动物园里什么动物吃得最开？

» 智慧点拨：当然是斑马呀！因为黑白两道它都有。

什么动物天天熬夜？

» 智慧点拨：一看熊猫那黑眼圈就知道非它莫属。

谁敢站在老虎的头上？

» 智慧点拨：虱子呀。

墙壁上爬着三只壁虎，一只壁虎掉下后没多久，另外两只也跟着掉了下来，究竟发生了什么事情呢？

» 智慧点拨：这还不简单，因为一只在打瞌睡，另两只拍手叫好，

也就掉下来了呀。

蚂蚁钻进空调里是去找什么呢？
» 智慧点拨：找气受呗。

一个司机飞快地从山上冲下来，但为什么没有撞伤人？
» 智慧点拨：那个司机没有开车，是跑下来的啊！

你知道哪里的鱼最好看却不能吃吗？
» 智慧点拨：年画上的鱼。

有一个人从一辆特快列车上摔下来，但为什么没有受伤呢？
» 智慧点拨：因为火车还没开动呀！

大牛参加体育比赛，一听到枪声就往前跑，可为什么教练却把他狠狠地批评了一顿？
» 智慧点拨：因为那是拔河比赛。

在什么时候你必须高抬贵手？
» 智慧点拨：当别人用枪指着你脑袋的时候。

有个人为什么坚定不移地认为他经常生病的儿子将来一定会有出息？
» 智慧点拨：久病成良医嘛！

医生对病人说："你应该去乡下住一阵，早睡早起，经常散步，每天只抽一根烟。"病人很听话，可为什么病情却加重了？

» 智慧点拨：因为他学会了抽烟！

对单身汉来说，最大的幸福莫过于家有贤妻；那么，对已婚的男人来说，什么是最大的幸福？

» 智慧点拨：再变成单身汉。

什么人从来不洗头？

» 智慧点拨：和尚。

约翰被关在一间没有上锁的房间里，但他为什么使出吃奶的力气也没能把那房门拉开？

» 智慧点拨：那门是推的不是拉的，只要推开就可以了。

一个盲人射击一顶帽子，怎么样能百发百中呢？

» 智慧点拨：把帽子挂在枪口上不就行了。

偷什么东西不会犯法？

» 智慧点拨：偷笑。

什么时候沃克的妈妈不用担心沃克会碰倒她新买的花瓶？

» 智慧点拨：当花瓶摔碎以后。

一个球被踢进了一篮鸡蛋里面，为什么鸡蛋一个没有破？

» 智慧点拨：那是一个气球！

你知道什么东西整天都走个不停吗？

» 智慧点拨：时间。

你知道拥挤的公共汽车上什么人最少吗？

» 智慧点拨：司机呗！

一只蚂蚁从上海爬到了迈阿密，你觉得这可能吗？

» 智慧点拨：在地图上爬的。

小偷最怕哪三个字母？

» 智慧点拨：I C U（I see you）。

为什么女人穿高跟鞋后，就代表她快结婚了？

» 智慧点拨：因为高跟鞋走得慢，很容易就被男人追上了。

布朗决定要好好学习，以后不再看电视了，可为什么妈妈还是不高兴？

» 智慧点拨：因为布朗把电视机弄坏了。

为什么达尼尔斯家里养的狗比同村别人家养的狗更吵？

» 智慧点拨：因为他养的狗多。

约瑟夫花了200元买了一样东西，被一个陌生人撕破了，可为什么她一点也不生气呢？

» 智慧点拨：因为她买的是演唱会的入场券！

一堵围墙高3米，有人一步能跨1米，那么他3步便能跨上围墙，这样说对吗？

» 智慧点拨：开什么玩笑，他一步就得掉下来。

克莱尔每晚都出去梦游，可她的丈夫为什么不带她去医院治病?

» 智慧点拨: 她每次梦游回来都带回来2000元。

你觉得上身和下身哪个更怕冷?

» 智慧点拨: 下身, 因为冷的时候大家都在不停地跺脚。

彼得今天早上到医院打了6针, 为什么他只在打第一针时觉得痛?

» 智慧点拨: 因为第一针是麻醉针呀!

一位先生给儿子的老师打电话说: "我的儿子把钢笔吞进肚子里了。"你猜老师说了什么?

» 智慧点拨: 他可以先用铅笔写字呀!

保罗星期天给他的好朋友寄出去了3封信, 但为什么他的朋友却只回了他一封呢?

» 智慧点拨: 因为他是寄给了三个朋友。

23

生病从来不看医生的人是——盲人

做什么事情明明是把东西投进去，却偏偏要说是送出去？

» 智慧点拨：往邮箱里投信。

对一个打算将头发留到腰部的人来说，最重要的一件事是什么？

» 智慧点拨：晚上不要穿着白衣服出门。

什么人生病从来不看医生？

» 智慧点拨：盲人。

汤姆捡到3个钱包都交给了警察叔叔，但为什么警察叔叔没表扬他呢？

» 智慧点拨：因为他捡的都是别人扔掉的废弃钱包。

地球上什么东西每天要走的距离最远？

» 智慧点拨：地球，因为地球一直在绕太阳转。

西班牙在15世纪发生了哪5次战争？

» 智慧点拨：分别是第1次、第2次、第3次、第4次和第5次。

苏珊走在路上，没有任何灯光，也没有月光，但她为什么能看到远处的东西？

» 智慧点拨：因为是在白天。

什么东西明明就是自己打的，但自己却不知道？

» 智慧点拨：打鼾。

舌头总是比头脑快时会产生什么感觉？

» 智慧点拨：愚蠢。

谁特别喜欢唱歌剧，但又非常害怕人鼓掌？

» 智慧点拨：蚊子。

什么东西整天都在不停地转？

» 智慧点拨：地球。

别人跟阿丹说她的衣服怎么没系扣子，为什么她一点也不在乎？

» 智慧点拨：因为她的衣服只有拉链，没扣子。

你知道爱讲冷笑话的人都喜欢用什么味道的牙膏吗？

» 智慧点拨：薄荷味的，因为薄荷味的牙膏用完以后都有凉飕飕的感觉。

一群动物开完Party后，便冲进便利店买东西。因为太

吵，都被店员打了出来，可为什么只有小羊没被打？

» 智慧点拨：便利店24小时不打烊（羊）啊！

一个人上了独木桥，可是这时候后面来了老虎，前面又有一条蛇，下面是悬崖，请问他最后是怎么过去的呢？

» 智慧点拨：肯定是昏过去的！

老师让学生写一篇关于牛奶的文章，要求200字，为什么瑞莎尔只写了20个字？

» 智慧点拨：因为瑞莎尔写的是有关浓缩牛奶的文字！

贝尔不小心吞下了一块钱，爸爸把他倒过来拍打，却吐出十块。这时你猜爸爸会怎么做呢？

» 智慧点拨：当然是继续喂他一元呗！

老师问学生："假如我病了，你们怎么办？"你猜学生是怎么回答的？

» 智慧点拨：我们当然是放假呀！

谁专门爱打听别人的事？

» 智慧点拨：记者呗！

从长江上游飘来一根鹅毛，那这根鹅毛它来自哪里呢？

» 智慧点拨：当然是一只鹅的身上。

鸡蛋、鸭蛋和鹅蛋一起放进水里，什么蛋会沉下去，什么蛋会浮起来？

» 智慧点拨：这还不简单，当然是好蛋沉下去，坏蛋浮起来。

什么东西要藏起来暗地里用，并且用完之后还要暗地里还给别人？

» 智慧点拨：胶卷。

为什么警察对闯红灯的司机视而不见呢？

» 智慧点拨：因为汽车司机当时并没有开车呀，他是昨天闯的红灯。

胖妞生病了，最怕别人探病时说什么？

» 智慧点拨：一定要多保重身体哦！

一个人，把一只脚搭在鸡蛋上，为什么鸡蛋没有破？

» 智慧点拨：因为他的另一只脚是踩在地上的呀！

有个小偷，有一天见到一座房子的窗户大开着，里面一个人也没有，但他为什么没进去偷东西？

» 智慧点拨：因为那是他自己的房子呀！

哈巴狗去掉尾巴最像什么动物？

» 智慧点拨：最像哈巴狗呀！

哪种人的手永远是湿的？

» 智慧点拨：肯定是水手咯！

为什么奶奶过马路总是抓紧小孙子的手？

» 智慧点拨：因为奶奶胆小呀！

苏姗刚进小学学英语半个月，但为什么她可以毫无困难地和韩国人讲韩语？

» 智慧点拨：因为妞妞是在韩国长大的。

法官对一个死囚说："明天是你的末日，你有什么要求都可以提出来。"你猜死囚最想得到什么？

» 智慧点拨：一件防弹衣。

亚当和夏娃结婚后最大的遗憾是什么？

» 智慧点拨：没有人来喝喜酒呀！

什么曲子学生一听到就会手舞足蹈？

» 智慧点拨：做广播体操的曲子。

你有什么好办法能用两个一元的钱币盖住一面大镜子吗？

» 智慧点拨：用硬币盖着眼睛不就好了！

王子吻了睡美人之后，睡美人为什么没有起来呢？

» 智慧点拨：她在赖床。

尼克的法语不好，他去法国旅游时吃苦头了吗？

» 智慧点拨：他没有，吃苦头的是法国人！

一个画家诉苦说："我只用一天就可以画一幅画，却要用一年才能卖出去。"画家要怎样做才不用诉苦？

» 智慧点拨：把"天"和"年"换个位置不就得了！

蟑螂请蜈蚣和壁虎到家里来吃饭，正做饭呢，却发现没油了，蜈蚣说它去买，但很久都没回来，究竟发生了什么呢？

» 智慧点拨：因为蜈蚣没出门，它还在门口穿鞋子呢。

明星出入公共场合，最怕遇到什么事情呢？

» 智慧点拨：最怕没人找他要签名！

莱尔把开水倒在脚上却没被烫伤，这是怎么回事？

» 智慧点拨：因为开水是凉的呀！

一只蚂蚁不小心从飞机上掉下来就死了，你猜它是怎么死的？

» 智慧点拨：饿死的。

俗话说："失败是成功之母"，那你知道成功和失败是什么关系吗？

» 智慧点拨：反义词的关系呗！

詹姆斯抢了东西就走，为什么大家还替他高兴？

» 智慧点拨：因为詹姆斯在踢足球。

米奇刚吃了药，但他忘了把药摇匀才能达到最佳效果，他该如何补救？

» 智慧点拨：不停地翻跟头就行了。

希尔顿乘电梯上18楼，中间没有停，用了10秒钟，为什么下楼也没有停，却花了5分钟呢？

» 智慧点拨：因为他上楼乘电梯，下楼走楼梯呀！

一只公鸡在屋顶上，头朝东，尾朝西，它下的蛋会往哪个方向掉呢？

» 智慧点拨：傻瓜，公鸡是不会下蛋的。

第一次世界大战发生在什么时候？

» 智慧点拨：亚当和夏娃第一次打架的时候。

你在早餐时从来不吃什么？

» 智慧点拨：午餐和晚餐呀！

在一间没有任何光线的房子里，猫头鹰和蝙蝠，哪一个看得更清楚？

» 智慧点拨：都看不清楚。

狮子为什么只吃兔子？

» 智慧点拨：因为狮子抓不到别的动物呀！

有人说吃鱼可避免患近视眼，你知道这是为什么吗？

» 智慧点拨：你见过猫戴眼镜吗？

警察盘查一辆马车，马车夫悄声地告诉警察："车上装的是干草。"你猜车夫为什么要悄声说话呢？

» 智慧点拨：因为他怕马听见了。

商店标明一支双响枪射程为160米，为什么实际射程只有80米呢？

» 智慧点拨：双响加起来算岂不是正好！

有十几个东西每天都一起上上下下，从不单独行动，它们是什么呢？

» 智慧点拨：牙齿。

跳伞时，如何才能分出新兵和老兵？

» 智慧点拨：新兵的屁股上有脚印。

彼得晕车，但为什么不跟靠窗户的人换个位置呢？

» 智慧点拨：没法换，因为靠窗户那里没人呀。

萨维在电影院看电影时，为什么每次看的都是不连贯的电影？

» 智慧点拨：萨维每次都是看一会儿，睡一会儿。

24

一个人长寿的秘诀是——保持呼吸，不要断气

🐷 你能分辨毛毛虫有几只脚吗？

» 智慧点拨：这还不简单，打他的头，当他用手抱头的时候剩下的就都是脚了。

🐷 每当安东尼想在朋友中显露自己的拿手戏时，为什么总要戴上一只手套？

» 智慧点拨：这是为了"露一手"呗！

🐷 什么东西晚上才生出尾巴呢？

» 智慧点拨：流星。

🐷 一条毛毛虫要到河对岸，可它不会游泳，两岸之间什么也没有，身边只有一堆叶子，究竟毛毛虫怎样才可以到岸？

» 智慧点拨：吃叶子，长大后化成蝴蝶飞过去。

一个人空着肚子最多能吃几个鸡蛋？

» 智慧点拨：一个。因为吃了一个后就不是空肚子了。

你知道什么东西只能往前走不能往后退吗？

» 智慧点拨：时间。

一个哑巴去买锤子，对营业员做出了用锤子敲钉子的姿势，后来一个聋人去买剪刀，你猜他会怎么做呢？

» 智慧点拨：只要说买剪刀就可以了。

家住纽约的安瑞先生想带一家三口去迈阿密旅游，你觉得他至少得花多少钱？

» 智慧点拨：想是不用花钱的。

哪个人戴的帽子型号最大？

» 智慧点拨：脑袋最大的那个人！

为什么现在的人们越来越言而无信？

» 智慧点拨：打电话比写信方便多了。

上尉为什么在训练新兵时总喜欢让高大的站在前面，矮的站在后面？

» 智慧点拨：因为上尉入伍前是个摆水果摊的。

请问世界上哪种人老得最快？

» 智慧点拨：新娘，因为新娘一天之内会变成老婆啦。

大家都知道北极熊是肉食性动物，可你知道为什么企鹅没

被它们吃掉吗？

» 智慧点拨：因为北极熊在北极，而企鹅在南极。

什么脸最容易被逗笑？

» 智慧点拨：当然是鬼脸呀。

哪一个工厂的产品总是从后门或侧门运出？

» 智慧点拨：船厂。

一辆出租车在公路上正常行驶，并没有违反任何交通规则，为什么被一个警察给拦住了？

» 智慧点拨：因为警察想坐车。

什么话可以把一个哭着的人逗笑？

» 智慧点拨：笑话呀！

一个学生把硬币抛向空中，说："正面朝上就去看电影，背面朝上就去打台球，如果硬币立起来……"你猜，他说他去干什么？

» 智慧点拨：去学习。

很多人都说《最糟糕的童话》很不好看，为什么还有那么多的人买来看？

» 智慧点拨：因为他们想看看为什么不好看！

读一年级的东东没有学过外文，为什么也会写外国字？

» 智慧点拨：他写的是阿拉伯数字呀！

哈佛学生最喜欢的
脑筋急转弯

一个人长寿的秘诀是什么？

» 智慧点拨：保持呼吸，不要断气。

牙科医生给病人拔牙，病人说："你真会赚钱，只要10秒钟就可以赚10美元。"你猜医生是怎么回答的呢？

» 智慧点拨："如果你觉得快，我可以用慢动作的。"

有一头重50千克的小猪，想过一座只能承受25千克的独木桥，它不能绕过去，还必须活着过去，请问小猪要怎么过去呢？

» 智慧点拨：小猪也正在想呢！

返老还童以后第一件事你打算做什么？

» 智慧点拨：要妈妈抱！

如果没有了病菌，谁没有办法维持生活？

» 智慧点拨：医生。

如果有人向你问路，你最怕听到的是哪一句？

» 智慧点拨：请问这里是地球吗？

一个人跳伞运动员从1000米的高空跳下，但为什么人们半天也没见着他呢？

» 智慧点拨：因为他掉海里了。

什么东西越长越细越难过，越短越粗越好过？

» 智慧点拨：独木桥。

如果要把梦想变成现实，第一步应该干什么？

» 智慧点拨：起床。

哪一种死法是一般的死囚最欢迎的？

» 智慧点拨：当然是老死呀。

三个人赶车，有两个人刚上车，车就开走了，可上车的人为什么哭呢？

» 智慧点拨：因为上了车的人是来送没赶上车的人。

做什么事身不由己？

» 智慧点拨：做梦。

一个吝啬鬼，他的眼睛好好的，为什么还要去学盲文？

» 智慧点拨：他想晚上看书时能省点电！

莱利吃麻辣面，加了胡椒又加辣椒，你猜她还会加什么东西？

» 智慧点拨：哈哈，鼻涕和眼泪呀！

房子里坐着4个人，允许他们随意转动身子，他们能看见每一个人的脸吗？

» 智慧点拨：不能，因为他们每个人都不能看到自己的脸。

人们在做什么事的时候立场最不坚定，最爱动摇？

» 智慧点拨：扇扇子。

人的右手永远抓不到的地方是哪里？

» 智慧点拨：右手。

🐷 瑞达露营时睡在帐篷里，醒来看到满天的星星，他会想到什么？

» 智慧点拨：帐篷被偷了。

🐷 有人说，女人像一本书，那么胖女人像什么书呢？

» 智慧点拨：合订本。

🐷 威廉耳朵背，一次朋友讲了个故事，他也接着讲了一个，为什么朋友听完后大笑？

» 智慧点拨：因为威廉讲的正是朋友讲的故事呀！

🐷 救生员再三强调水里没有鲨鱼，可为什么人们还是不敢下水游泳？

» 智慧点拨：没有鲨鱼但是有鳄鱼呀！

🐷 草原上的羊面临两种厄运，一是被狼吃掉，那第二种是什么呢？

» 智慧点拨：被人吃掉。

🐷 奶奶告诉夏洛克，有一种东西用完了很快就会回来，你知道是什么东西吗？

» 智慧点拨：力气。

🐷 亚当把香蕉皮扔在院子中间，为什么他的妈妈看见了也不责怪他？

» 智慧点拨：因为他妈妈正在打扫院子。

一杯水10秒钟能喝光，那30秒能让10杯水全干了吗？

» 智慧点拨：这有什么难的？10杯水倒了，不就全干了嘛！

为什么说肉包子打狗有去无回？

» 智慧点拨：让狗吃了！

什么事情使你为了面子，不得不经常掉头发？

» 智慧点拨：理发。

出汗多了为什么特别想喝水？

» 智慧点拨：因为渴呀。

车祸刚发生，警察就赶到现场，他们发现司机毫发无伤，翻的车子内外都是血，但却没有发现死者和伤者，这是怎么回事？

» 智慧点拨：这是一辆献血车。

冬天来了，毛毛虫终于鼓足勇气向爸爸说了一句话，但爸爸听完后当场就昏倒了。你猜毛毛虫说的是什么呢？

» 智慧点拨：毛毛虫说："爸爸天冷了，给我买双鞋穿吧。"

阿甘的狗丢失了，他为什么不愿意登寻狗启事？

» 智慧点拨：因为他认为狗又不认识字。

罗伯特带着8只羊去集市上卖，卖了20块钱，但为什么他回来时又带回了这8只羊？

» 智慧点拨：他卖的是羊毛。

哈佛学生最喜欢的
脑筋急转弯

🐷 渔夫最怕什么？

» 智慧点拨：没人吃鱼。

🐷 想想看，如果美国人登上月球，他说的第一句话将会是什么？

» 智慧点拨：英语。

🐷 蜘蛛有8只脚，它从门框上掉下来，7只脚落地，那还有一只脚干什么去了？

» 智慧点拨：在惊恐地拍胸脯："哎哟，吓死我了。"

🐷 老师给萨姆布置了一篇作文，题目是《什么是懒惰》。萨姆用最简短的文字写下了这篇作文，他是怎么写的？

» 智慧点拨：这就是懒惰。

🐷 什么东西非常流行却很不讨人喜欢？

» 智慧点拨：流行性感冒。

🐷 穿什么鞋子有可能引起公愤？

» 智慧点拨：穿小鞋。